J'ose DÉRANGER

JOCELYNE CAZIN

J'ose

DÉRANGER

LES ÉDITIONS
PUBLISTAR
Une société de Québecor Média

Catalogage avant publication de Bibliothèque et Archives nationales du Québec et Bibliothèque et Archives Canada

Cazin, Jocelyne, 1950-
    J'ose déranger
    Comprend des références bibliographiques.
    ISBN 978-2-89562-519-3
    1. Québec (Province) - Conditions sociales - 21ᵉ siècle. 2. Suicide - Prévention. 3. Vieillesse - Aspect social. 4. Jeunesse - Québec (Province). I. Titre.
    HN110.Q8C39 2014   971.4'05   C2014-942088-9

Édition : Nadine Lauzon
Révision linguistique : Isabelle Taleyssat
Correction d'épreuves : Céline Bouchard
Couverture : Axel Pérez de León
Mise en pages : Annie Courtemanche
Grille graphique intérieure : Chantal Boyer
Photo de l'auteure : Sarah Scott
Photo de couverture : Imagerie 3ᵉ Escadre, Cpl Pierre Habib

Remerciements
Nous reconnaissons l'aide financière du gouvernement du Canada par l'entremise du Fonds du livre du Canada pour nos activités d'édition.
Nous remercions la Société de développement des entreprises culturelles du Québec (SODEC) du soutien accordé à notre programme de publication.
Gouvernement du Québec – Programme de crédit d'impôt pour l'édition de livres – gestion SODEC.

Les Éditions Publistar
Groupe Librex inc.
Une société de Québecor Média
La Tourelle
1055, boul. René-Lévesque Est
Bureau 300
Montréal (Québec) H2L 4S5
Tél. : 514 849-5259
Téléc. : 514 849-1388
www.edpublistar.com

Dépôt légal – Bibliothèque et Archives nationales du Québec et Bibliothèque et Archives Canada, 2014

ISBN : 978-2-89562-519-3

Distribution au Canada
Messageries ADP inc.
2315, rue de la Province
Longueuil (Québec) J4G 1G4
Tél. : 450 640-1234
Sans frais : 1 800 771-3022
www.messageries-adp.com

Diffusion hors Canada
Interforum
Immeuble Paryseine
3, allée de la Seine
F-94854 Ivry-sur-Seine Cedex
Tél. : 33 (0) 1 49 59 10 10
www.interforum.fr

Sommaire

Préface
Marie-Mai, chanteuse

Oser rêver

Au cours de notre vie, nous sommes toujours en quête de quelque chose : d'un avenir, d'amour, de bonheur... Voire de soi-même. Toutefois, j'entends trop souvent qu'il faut se satisfaire de ce qu'on a, qu'un tiens vaut mieux que deux tu l'auras, que ceux qui réussissent sont « chanceux » et que ce que je vis, ça n'arrive pas à tout le monde.

Ces discours limitatifs et répétés nous amènent progressivement à dévaloriser nos aspirations les plus profondes et parfois même à éteindre nos rêves afin de ne pas être déçu par des attentes irréalistes.

Le rêve est souvent considéré comme quelque chose d'abstrait, d'irréel, de non palpable puisqu'il est d'abord issu de notre imaginaire. Pourtant, en regardant tout le chemin parcouru, je m'aperçois que TOUT de ma vie est basé sur un seul rêve ; un rêve qui m'a habitée sans cesse, un rêve tellement présent que parfois j'avais l'impression de pouvoir le toucher.

Mon rêve de chanter m'a hantée. Obsédée même. Il m'a aussi aidée à passer au travers des périodes difficiles parce que, en moments de doute, j'ai toujours pu m'y accrocher.

Ce rêve a pris toute la place, jour et nuit, pendant des années. Jusqu'à ce que je décide que j'en avais assez de rêver toute seule chez moi. Tout a changé la journée où j'ai décidé de le faire devenir réalité.

Je n'ai pas la pensée magique… Rien n'arrive « comme par magie ». La magie, c'est pour les magiciens. Et elle n'est trop souvent qu'une illusion ! Non, le rêve est partout, aussi flou que précis, aussi doux que puissant.

Nous avons tous la capacité, le goût et le droit de rêver. Pourquoi s'arrêter là ? Il faut oser !

Tout part de soi, de notre résilience, de notre volonté, de notre habileté à croire, à travailler et à se laisser aller au pouvoir de la visualisation.

Oser, rompre les chaînes, trouver la force et le courage, voilà précisément ce que m'inspire Jocelyne Cazin. J'avais eu l'opportunité de la rencontrer en 2007 lors de l'inauguration du Centre de formation dans les arts de la scène de la Maison des jeunes Kekpart. J'apprécie particulièrement le fait qu'elle soit la marraine de cet établissement qui a pour objectif de prévenir la délinquance juvénile et le décrochage scolaire auprès des jeunes de quatorze à vingt et un ans. Son investissement pour la lutte contre la sclérose en plaques ou encore pour la prévention du suicide traduisent son incroyable générosité. Jocelyne, ton parcours, tes combats sont une source d'inspiration. Comme une force pour tous ceux qui se sentent enfin prêts à oser !

C'est à nous de choisir de vouloir vivre autrement, de ne pas laisser le monde peindre une image de nous qui ne nous ressemble pas, qui est moins belle ou moins grande que ce que nous voyons en nous-même.

Le rêve se vit, il se partage.

C'est à nous d'oser... Osez rêver!!!

Marie-Mai,
août 2014

Préface
Éric Salvail, animateur et producteur

Oser

Oser est un mot de quatre lettres qu'il n'est pas mal vu de dire, mais très (trop) souvent incongru de faire. Parfois, oser n'est rien. Comme raconter l'histoire des 101 dalmatiens à un enfant en disant qu'ils sont seulement trois. Parfois, c'est plus compliqué. Comme mettre sa maison en garantie, avec ses meubles, ses shorts et son chien pour un projet auquel personne ne croit, même pas le chien. Et c'est parfois finir couché sur le plancher, les bras en croix, mort de peur, à pleurer comme un bébé... ou en boule, dans un coin, muet et vidé.

Parce que oser fait peur.

Comme mon amie Jocelyne, j'ai toujours osé. Chaque fois que mes gestes d'audace m'ont rendu victorieux, j'ai été qualifié de brillant et d'ingénieux. Chaque échec m'a baptisé de « téméraire » ou de « dangereux ».

Parce que oser est risqué.

Mais pour oser, il faut être motivé, il faut un élément déclencheur. On ose parfois par écœurement. On ose souvent par goût du risque, pour se sentir plus vivant, mais on ose toujours parce que c'est ce que l'on doit faire, irrémédiablement, comme une pulsion qui vient du dedans. Autrement, ça ferait plus mal que de ne pas le faire.

Parce que oser est nécessaire.

Je me joins à Jocelyne pour vous dire d'oser. D'oser déranger. J'ose vous dire quoi faire. Je ne vous dis pas : «Allez-y, osez! Il n'y a rien à craindre!» Je vous dis : «Osez, il y a tout à gagner!»

Éric Salvail,
août 2014

Avant-propos

J'ose, avec ce livre, venir vous déranger. «Une fois de plus», diront certains ! ☺

Oui ! Parce que, paraît-il, j'ai des choses à raconter qui pourraient peut-être vous intéresser. Non, ce n'est pas une biographie. Pas tout à fait. Je n'en suis pas là.

J'ai osé plonger dans l'univers des mots afin de vous raconter mes expériences professionnelles et personnelles. Rien de doctrinaire ou de dogmatique. Seulement des expériences de vie qui vous révéleront des facettes de ma personne, qui vous étonneront parfois. Mais, dans mes propos, vous reconnaîtrez toute la détermination et la passion qui m'animent depuis plus de soixante ans.

Cette détermination et cette passion sont ce que vous avez surtout connu de moi, à l'époque où j'animais l'émission *J.E.* Ces traits de caractère m'ont aidée à foncer et parfois même à défoncer certaines portes blindées. Plus d'une fois, dans mon parcours, j'ai dérangé. Ce qui m'a valu le sobriquet de *pitbull de l'information* et même de *fouille-merde*. Mon acharnement, fort utile en journalisme, m'accompagne encore de temps à autre… ce qui n'est pas toujours heureux, je l'admets.

* * *

C'est là le sujet de ce livre : je vous propose d'oser être et d'oser faire.

Oser, parfois, sans modération. J'en ai payé le prix à l'occasion, parce que ma passion n'a pas toujours été guidée par dame sagesse, mais plutôt par mon impulsivité.

Autant que possible, aujourd'hui, j'apprends à aller de l'avant, avec plus de nuance et de sérénité. Toutefois, je demeure un *work in progress.* ☺

Depuis plusieurs années, je tente de brasser la cage, comme animatrice, conférencière ou bénévole. Par mes implications, j'essaie d'encourager jeunes et moins jeunes à foncer et à aller de l'avant, pour vivre librement et ainsi refuser l'esclavage auquel nous condamne le jugement d'autrui. Ce livre se veut un encouragement à l'authenticité.

Je souhaite ici faire la démonstration qu'il est possible de se relever, de marcher la tête haute et d'être fier. La somme de mes actions m'a prouvé que le jeu en valait la chandelle.

Ainsi, chacun des chapitres vous encouragera dans cette démarche qui m'est si précieuse : ce grand désir de se libérer du regard des autres afin de vivre le plus librement possible. Ce qui signifie être de moins en moins esclave de ses passions ou de ses désirs.

De la retraite à la responsabilisation, en passant par le bénévolat et la jeunesse, et en vous révélant mes relations ardues avec ma mère, je vous invite à mieux comprendre ce qui m'anime, ce qui m'allume ou ce qui me choque, parfois.

Chaque épreuve, chaque événement modulent notre parcours. Les deuils aussi. Ils ont éprouvé mon existence plus d'une fois; pas simple de les accepter, encore moins de les raconter. Pourtant, ils touchent toutes les facettes de nos vies. La mort de mon collègue et ami Gaétan Girouard a marqué tout le Québec et, même après toutes ces années, on me fait comprendre que je ne peux oublier. Les deuils ne sont pas que physiques : l'emploi, les amis et la jeunesse sont autant de deuils qu'il m'a fallu apprivoiser.

* * *

Avec le recul, j'admets toutefois que je n'ai pas le bonheur facile. Il me faut le travailler constamment. Mes angoisses viennent encore trop souvent me torturer. Dans ce livre, je vous en révèle quelques-unes dans l'unique espoir, et sans prétention, de vous épargner des souffrances inutiles.

De plus en plus en harmonie avec moi-même, je demeure en constante évolution. Intense, la madame! Oui! Je m'assume. C'est pourquoi je garde mon sens de l'émerveillement. C'est pourquoi, surtout, j'ai choisi la vie.

Mes chemins vers la retraite

Ma retraite ? Quelle retraite !

Moi, à la retraite ? Quelle horreur ! Comment osez-vous me dire que je suis à la retraite ! Regardez mon emploi du temps et vous verrez que je suis loin d'être «en retrait». D'ailleurs, je ne me sens aucun point commun avec ces synonymes qui évoquent une mise au rancart : non-activité, cloître, retrait, débandade[1]. C'est loin d'être mon cas.

Quand on me dit – et on me le dit souvent – «Madame Cazin, je pensais que vous étiez à la retraite !», je réponds en souriant : «Ce n'est pas parce que je suis à la retraite que je suis en retrait.» De plus, je cumule des gènes de prédisposition : ma grand-mère paternelle a traversé deux siècles, jusqu'à l'âge honorable de cent ans et deux mois.

---

1 Selon le dictionnaire de la langue française de l'internaute : http://bit.ly/1n4lbKA.

Ma mère fut un modèle de santé durant quatre-vingt-quatre années. Et si ma génétique m'avantage, j'ai de bonnes chances d'imiter notamment les Janine Sutto, Denise Filiatrault et Janette Bertrand, toutes des modèles de femmes actives.

On comprend qu'au XXIe siècle, il faut redéfinir le mot « retraite ». Depuis une décennie, l'espérance de vie des Québécois s'est allongée en moyenne de plus de deux ans et demi. Les hommes vivent maintenant jusqu'à 78,89 ans, et les femmes jusqu'à 84,21 ans[2]. Cependant, si on vit plus vieux, peut-on espérer vivre plus en forme, et donc être plus actif ?

C'est exactement ce que je m'emploie à faire depuis mon départ de TVA, en 2008.

C'est terminé, les *has been*, les ringards. À une époque pas si lointaine, lorsqu'une personne prenait sa retraite, on la considérait systématiquement comme dépassée. Depuis, la situation a bien changé. Les perspectives, pour les baby-boomers, sont multiples. Surtout au Québec.

La génération des 50-65 ans a bien profité de la vie, et certains d'entre eux ont même renoncé à la maternité et la paternité pour en profiter davantage. Le féminisme des années 1970 a bouleversé les manières de vivre et les mentalités. On ne voulait pas imiter nos parents avec leurs très – et souvent trop – grosses familles. Résultat de cette baisse de natalité au Québec, il manque maintenant des têtes et des bras dans une multitude de domaines professionnels[3]. Et même si de nombreux boomers ont pris une retraite parfois hâtive, plusieurs d'entre

---

2   Extraits de l'analyse actuarielle du Régime des rentes du Québec, CQFF (Centre québécois de formation en fiscalité) au 31 décembre 2012 : http://bit.ly/XYSAkj.

3   *Les Carrières d'avenir 2014*, Les Éditions Jobboom, Montréal, 2014, 282 pages.

eux – dont je fais partie – ont choisi de rester actifs en acceptant des contrats temporaires ou en s'impliquant dans diverses activités, comme le bénévolat.

Pour bien saisir mes choix et mes décisions, je vous propose un petit retour en arrière. Vous pourrez ainsi mieux comprendre la personne que j'ai été, que je suis et que j'espère devenir. J'ose me confier, parfois sans filtre. Plus encore, à la relecture de certaines de mes confidences, j'ai décidé de faire face à la musique et d'*oser déranger*.

Un chemin pavé d'embûches

Au début des années 1980, Alain Gravel, journaliste et animateur reconnu pour ses enquêtes fouillées, m'avait surnommée «la fatigante la plus sympathique en ville». Et il avait ajouté: «Mais *cliff* que t'es fatigante.» Nous étions alors collègues à CKAC-Télémédia. À cette époque, il me fallait continuellement faire mes preuves.

Mes compagnons de travail ne lâchaient pas le morceau facilement. Le morceau étant cette jeune journaliste qui bossait jour et nuit, remplaçant chacun afin de prouver à tous qu'elle pouvait faire aussi bien que ses collègues masculins, afin d'être «un gars de la gang».

Que de pleurs et de grincements de dents! Encore aujourd'hui, il m'arrive de me demander ce qui a bien pu me pousser à continuer, tellement les écorchures[4] me déchiraient l'âme et le cœur.

Toute ma vie professionnelle, j'ai travaillé dans un climat de tension. Pendant plus de trente ans, mon univers gravitait autour d'une seule mission: gagner ma vie à chercher les mauvaises nouvelles.

---

4   Voir la section «Le deuil de mes illusions», p. 218.

À l'époque où j'animais l'émission *J.E.*, à TVA, rien ne me réjouissait plus que l'estampe du *J.E. réglé* à la fin d'un reportage. Mais que de stress et d'angoisse pour une heure d'émission hebdomadaire, à laquelle s'ajoutait l'émission quotidienne *J.E. en direct*! Je ne faisais, rien à la légère. Gaétan Girouard et moi partagions la même passion pour ce travail. Ces émissions nécessitaient plus de soixante-quinze heures de dur labeur par semaine. Parce que j'insistais pour obtenir les bonnes réponses, on m'a affublée du sobriquet pas très flatteur de *pitbull de l'information*. Peut-être aurais-je dû m'en vexer. Au contraire, j'étais heureuse de faire mon effet pour la bonne cause. Maintenant que je n'ai plus à me soumettre à cette obligation de performance, je tente tant bien que mal de retirer ce costume, mais on ne se défait pas d'une réputation si facilement...

Un jour, j'ai réalisé que j'avançais en âge

Au début de la cinquantaine, le suicide de mon collègue et ami Gaétan Girouard et l'arrivée simultanée de la ménopause m'ont obligée à considérer des changements importants dans ma carrière. Impatience, turbulence physique, agressivité, irritabilité, prise de poids et bouffées de chaleur... tous se sont donné le mot pour m'intimider et me forcer à faire des choix pour la suite de ma vie professionnelle. De faux choix, en réalité.

Pourtant, après la mort de Gaétan, je suis demeurée à la barre de *J.E.* encore deux ans, soit jusqu'en 2001. Cette année-là, avant de craquer, j'ai dit à mes patrons que j'en avais assez. Il me fallait quitter cette émission qui, malgré l'absence de Gaétan, demeurait numéro un avec plus d'un million de téléspectateurs chaque semaine. Je devais à tout prix préserver ma santé physique et mentale.

La direction de TVA m'a alors proposé d'animer une émission quotidienne, le midi : *Dans la mire.com*. D'accord, ai-je dit, mais à la condition de réduire mon temps de travail à quatre jours par semaine. Sans trop m'en rendre compte, j'étais en train de préparer, graduellement, ma retraite..

Quatre ans plus tard, je frappais une fois de plus à la porte du vice-président de TVA. À nouveau cette fatigue intérieure, et à nouveau ce stress qui recommençait à m'énerver et à énerver les autres. Encore une fois, on ne m'a pas laissée tomber. Le patron m'a offert un poste d'éditorialiste à la chaîne de nouvelles LCN. Une offre intéressante, croyais-je, à la condition cette fois d'y faire trois jours par semaine.

Durant cette période, j'essayais d'exprimer mon opinion sur tous les sujets d'actualité. Mais me mouiller, critiquer et frapper sur tout ce qui bouge presque quotidiennement est un art que je ne réussissais plus à maîtriser suffisamment pour m'inciter à poursuivre. Les contrecoups de la ménopause s'en sont mêlés, et j'ai compris qu'il était temps pour moi de me retirer. Non sans peine, je dois l'admettre.

À cinquante-sept ans, après trois ans d'éditoriaux, j'ai annoncé à mes employeurs que je quittais la chaîne, ne voyant pas d'autre issue heureuse. Trente-six mois trop tôt pour tirer pleinement avantage de mon fonds de pension. Ce qu'ils avaient à m'offrir pour me garder à l'antenne ne me plaisait guère.

Ma petite voix intérieure me disait : « Tu te prends pour qui, ma Jocelyne ? Pour une millionnaire ? » Non, mais pour quelqu'un qui voulait retrouver sa sérénité et qui désirait garder sa passion, son sens de l'émerveillement. Garder mon emploi juste pour attendre une pleine pension me faisait craindre de m'éteindre doucement, mais assurément. Je ne voulais pas être de cette pâte-là.

Pas si simple...
Avant d'oser annoncer ma décision de quitter TVA, où j'ai servi pendant vingt-quatre ans, j'ai dû passer au travers des angoisses les plus folles, ayant notamment comme résultat d'intenses poussées de psoriasis. Pour dissiper le doute qui m'habite depuis ma tendre enfance – ce *double obscur*[5], celui qui tente de déstabiliser votre base si elle n'est pas solide au départ – et pour m'assurer de faire le bon choix, j'ai longuement évalué les conséquences financières et psychologiques de ma décision.

Financièrement, cette réflexion était importante car je ne voulais pas faire partie des statistiques : 17 % des cinquante-cinq ans et plus ont des dettes de plus de 100 000 dollars, le tiers des Canadiens sont encore endettés lorsqu'ils prennent leur retraite[6] et, de 1996 à 2008, le nombre de personnes âgées passant sous le seuil de faible revenu a augmenté de 4,6 à 12,3 %[7].

* * *

À une certaine époque de ma vie, ma mère m'énervait lorsqu'elle m'incitait à rembourser toutes mes dettes : « Pas de dettes, tu es riche, ma fille. » Ce n'est

5   Fisher, Marc, *Le Golfeur et le Millionnaire*, Québec Amérique, 1996.
6   http://bit.ly/1qNRxKA.
7   La situation financière des aînés : IRIS (Institut de recherche et d'informations socio-économiques) : http://bit.ly/1muFSVd, p. 1.

pourtant qu'à l'aube de la quarantaine qu'une certaine sagesse m'a courtisée. Heureusement pour
moi, car j'aurais peut-être piteusement fait partie
de ces statistiques. Ma grande insécurité ne m'aurait
toutefois pas amenée dans cette sombre perspective,
mais on ne sait jamais...

Pendant plusieurs mois, j'ai réfléchi, j'ai demandé
conseil à des experts financiers. Je calculais. Je voulais garder mon train de vie habituel sans avoir à me
serrer la ceinture outre mesure. Peut-être est-ce une
question de génération, mais ma mère a grandement
contribué à m'inculquer cette insécurité financière.

> « La peur de vivre, c'est préférer rester dans
> un malheur connu plutôt que de changer
> et de chercher un bonheur inconnu. »
>
> Bernadette Picazo

Je l'admets, j'étais parfois affolée par ce « bonheur inconnu », comme le souligne si bien Bernadette Picazo dans son livre *Pour en finir avec l'emprise du stress*[8] ; une invitation à Vivre avec un
grand V.

Dès que ma décision a été prise, je me suis
amusée avec les mots et, lorsqu'on tentait de m'ac-
coler le profil de retraitée, je répliquais : « Je suis en
pause plaisir, pas sur pause, mais sur play-sir. » Ma
tirade décroche un sourire à chaque coup. ☺

Avant d'y arriver, j'ai quand même dû passer en
revue ma vie personnelle et professionnelle auprès
d'un psychologue. Celui-là même qui m'avait aidée
à me sortir de mes tourments professionnels lors de
mes dernières années à TVA. Il m'a demandé : « Es-tu

---

8   Picazo, Bernadette, *Pour en finir avec l'emprise du stress*, Paris, Éditions Chiron, 2008.

prête à te fondre dans la foule après plus de trente
ans sous les feux de la rampe ? » Ouf ! C'était une des
grandes questions à laquelle il me fallait trouver une
réponse rapidement, et très honnêtement.

Une fois ma décision prise, je suis entrée dans le
bureau du vice-président sans l'ombre d'un doute.
Je me souviens même de ce sourire un peu niais
qui collait à mes lèvres après avoir serré la main
du patron. Il ne me restait plus que quelques mois
à devoir être performante, par obligation, par souci
du devoir à accomplir.

Puis, le 10 juin 2008, les collègues de travail, les
anciens de *J.E.* et de l'émission *Dans la mire.com* et
le président se sont réunis pour me saluer. Certains
enviaient ma « Liberté 57[9] », d'autres triomphaient
de me voir enfin partir... Eh oui ! Un jour, une de
mes recherchistes m'avait clairement exprimé qu'il
était temps que je laisse la place aux plus jeunes.
Que voulez-vous ! Certains ne se distinguent que
grâce à la disparition des autres.

Une fois les collègues disparus et le premier pas
vers la sortie franchi, j'ai dû commencer à reconstruire ma vie. Je devais aller voir ailleurs, dans
l'acceptation et non dans la résignation. Une différence fondamentale...

* * *

J'ai une grande admiration pour les athlètes olympiques qui ont consacré toute leur jeunesse à une
seule discipline. Leur existence ne tourne qu'autour d'un seul pôle pendant quinze ou vingt ans.

---

9   Expression inspirée de « Liberté 55 », slogan d'une entreprise spécialisée en
gestion de placements, dans les années 1990.

Lorsqu'ils arrivent à l'âge de la retraite sportive, ils doivent apprendre à vivre autrement. Une tâche extrême pour des gens d'exception.

Dans le livre *Passages obligés*[10], Marc Gagnon, un des grands médaillés olympiques canadiens, révèle : « J'ai commencé ma vie avec une passion et je l'ai eue pendant toutes ces années. Quand je me suis arrêté, j'ai dû recommencer ma vie à zéro et essayer de trouver une autre passion. [...] J'ai compris que la plus grande richesse, c'est de faire ce que l'on aime dans la vie. [...] Il me fallait trouver des choses dans lesquelles je pouvais m'investir à 100 % [...]. On aurait dit que j'étais incapable de m'investir totalement ailleurs et que je manquais aussi de motivation. J'avais tout simplement un deuil à faire. »

Tout comme les sportifs de haut niveau, partir à la retraite signifie faire le deuil de son emploi. En ce qui me concerne, cette étape de la vie s'est vécue assez facilement. Je m'y étais tellement préparée. La résilience – terme à la mode – est ce qui se rapproche le plus de ce que j'ai pu vivre en 2008, lorsque j'ai passé pour la dernière fois, comme employée, la porte du plus important réseau de télévision francophone privé en Amérique.

Faire le deuil de son emploi, c'est aussi devoir apprendre à se détacher de ses collègues, certains étant devenus des amis. On a beau se dire qu'on ira dîner ensemble, qu'on se reverra... comme chantait Dalida : « Parole, parole, parole... » Il m'a donc fallu apprendre une fois de plus à me détacher, à m'adapter.

---

10 Michaud, Josélito, *Passages obligés*, Montréal, Les Éditions Libre Expression, 2006, p. 92 à 100.

«Vivre c'est s'adapter... Cesser de s'adapter,
c'est mourir...
Vivre c'est s'adapter au changement auquel
on est soumis à chaque instant... À chaque
instant, le monde change. Il faut aller avec.
Il arrive que, sur le coup, on résiste. On en
vient parfois à éprouver une fatigue, une
lassitude à devoir s'adapter sans cesse... Il
faut même parfois, pour vivre intensément,
créer les conditions du changement[11].»

Créer les conditions du changement, c'est ce que
je me suis appliquée à tenter de faire toute ma vie.
Il ne me reste qu'à poursuivre ce chemin relativement bien entamé. J'ai donc choisi de demeurer
dans l'action, mais j'en conviens, cela reste un grand
privilège. Tous les jours ou presque, je rencontre
des personnes qui aimeraient prendre leur retraite,
mais qui devront travailler pratiquement jusqu'à
la fin de leurs jours, faute de moyens[12]. L'une de
mes amies a cinquante-cinq ans. Après vingt-neuf
ans d'enseignement en école primaire, elle craint
comme la peste de devoir prolonger de quelques
années son emploi. Elle n'aimera sûrement pas lire
Claude Lamoureux, ancien président et chef de la
direction du Régime de retraite des enseignantes et
des enseignants de l'Ontario: «Puisque, à partir de
65 ans, l'espérance de vie augmente d'un mois par
année, l'âge de la retraite aurait déjà dû être augmenté de quatre ans depuis l'entrée en vigueur du
Régime de rentes du Québec, en 1966[13].» Ce constat
a été fait à l'automne 2012, lors d'un colloque

---

11   Extrait de *Vivre, c'est s'adapter*, de Jacques Languirand: http://bit.ly/1u5KxMm.
12   Sondage Banque Scotia 2011: http://bit.ly/1lA9q3w.
13   Loi modifiant la Loi sur le régime de rentes du Québec: http://bit.ly/1pcTm2h.

organisé par la Régie des rentes du Québec et portant sur les perspectives démographiques, économiques et financières d'ici 2060. Oui, 2060! Heureuse d'être arrivée au troisième âge de ma vie! Sinon, je ne connaîtrais pas encore les plaisirs que la retraite procure. ☺

Rien ne se fait seul

Un samedi soir, alors que je célébrais avec des amis ma nouvelle vie, je me suis laissée déranger par le téléphone. J'ai reconnu instantanément la superbe voix de l'animatrice Monique Giroux. Elle me proposait de faire partie de la distribution hommage de la pièce de théâtre *Les Belles-Sœurs*, dans le cadre du quarantième anniversaire de l'œuvre de Michel Tremblay.

On peut interpréter les événements comme on veut, mais cet appel m'a confirmé que je ne m'étais pas trompée en prenant ma retraite si tôt. La vie me disait: «Attache ta tuque, ma JO-CE-LY-NE, ce n'est qu'un début.»

Mon intuition était bonne. Denise Filiatrault avait accepté de mettre en scène ce bijou théâtral en supervisant quinze femmes issues des milieux de la communication, de la chanson, de la politique et même du sport. J'étais l'une d'elles.

Humblement, j'ose penser avoir été la plus choyée de toutes. Imaginez un seul instant que vous recevez, chez vous, en tête à tête, un des monstres sacrés de la télévision québécoise qui vous fait répéter le rôle qu'elle-même avait joué quarante ans plus tôt.

Je la regardais m'aider avec mon texte et je croyais rêver. Elle me donnait la réplique et, comme une adolescente heureuse d'apprendre, je m'appliquais à interpréter le rôle de Rose Ouimet.

Le soir, dans mon lit, je me pinçais en savourant ce moment unique : la grande Denise, comme on l'appelle affectueusement dans le milieu artistique, contribuait à mon bonheur de nouvelle retraitée. S'en doutait-elle ?

> « Il n'y a pas de hasard,
> il n'y a que des rendez-vous. »
>
> Paul Éluard

Un des formidables exemples à l'appui de cette affirmation m'est venu quelques mois après la douce folie des *Belles-Sœurs*. En février 2009, Monique Giroux frappait à nouveau à ma porte. Ma seconde rencontre avec l'animatrice de Radio-Canada cachait une autre belle surprise. Sachant que les conférences faisaient partie de mes activités régulières, elle m'offrait de la remplacer lors d'une tournée de l'Alliance française aux États-Unis. J'ai donc, en toute humilité, profité d'un malheur qui frappait Monique pour aller exposer mon point de vue de femme et de Française en Amérique à des francophiles depuis Fresno en Californie jusqu'à Boston au Massachusetts.

Cette formidable expérience a décuplé mon désir de présenter des conférences. J'ai ainsi conjugué plaisir et bienfait, mais aussi profit, ce qui n'est pas négligeable, puisque ces mandats m'offraient des revenus supplémentaires. Ces cadeaux de la vie me permettaient de me payer des luxes auxquels je n'aurais même pas osé penser normalement.

Puis, nouveau coup de théâtre ! En 2011, la grande dame du Rideau Vert me réclame pour une deuxième expérience, cette fois dans *Les Fridolinades* de Gratien Gélinas. Monter sur scène en compagnie de gens tout aussi inexpérimentés que moi pour soutenir la Fondation du Théâtre du Rideau Vert relevait de la magie, recréée par la présence énergique de la metteure en scène Denise Filiatrault.

Je n'aurais pu penser à une meilleure amorce de retraite que celle-là ! Vivre pleinement les moments de grâce qui nous sont offerts, telle est ma devise. Depuis, je répète à qui veut l'entendre : « Il n'y a plus de temps à perdre, il y a trop de temps perdu. »

J'ai quelques amis retraités qui, eux aussi, ont adopté cette philosophie. Mon ami André a enseigné durant plus de trente ans avant de dire *bye-bye boss*. À la recherche de nouveaux intérêts, il s'est découvert un talent indéniable pour la peinture. Lorsqu'il part en voyage en véhicule motorisé, il s'arrête le long des plus beaux parcours, immortalise des paysages et nous en fait profiter. Concilier talent et voyages l'encourage à demeurer actif. Les jours où je suis à mon bureau, j'admire toujours une de ses toiles offertes en cadeau d'anniversaire ; ses couleurs m'apaisent quand certaines situations me font *sortir de mes gonds*.

J'aime bien cette expression, d'ailleurs. Elle trouve son origine au xvie siècle. À cette époque, on disait d'une personne équilibrée qu'elle « se tenait sur ses gonds ». Donc, en sortir suggérait qu'elle ne serait pas aussi calme mentalement[14]. Or, l'équilibre mental est intimement lié à une certaine normalité. Très honnêtement, je dois admettre qu'à cet égard j'ai fréquemment été hors norme. Depuis ma retraite, j'aspire toutefois à une plus grande quiétude mentale. Y arriverai-je... ?

---

14 http://bit.ly/1vUJJuQ.

C'est comme si ma retraite accentuait mes points faibles, puisque j'ai dorénavant plus de temps pour me regarder le nombril, pour m'évaluer. Se promener constamment avec un miroir qui vous renvoie un portrait que vous n'aimez pas toujours, vous n'avez pas idée à quel point cela m'énerve, parfois!

Par ailleurs, le temps ne file plus de la même façon. Il n'est pas rare de confondre un lundi et un dimanche, ou de prendre un vendredi pour un jeudi. Lors d'un séjour en Floride, j'étais sur un terrain de golf avec un ami américain. Il appréciait la tranquillité des lieux. Personne devant, ni derrière nous. Je lui fis remarquer à au moins deux reprises qu'il était probablement normal de voir moins de joueurs un dimanche; les gens vont à la messe – les Américains sont très pratiquants, contrairement aux Québécois – ou restent en famille. Au bout de quelques minutes, Charles m'a gentiment taquinée, prétextant qu'on était mardi ☺... Bienvenue sur la planète des retraités, ma chère Jocelyne!

Plus j'avance en âge, plus le temps file trop vite... et plus je veux encore tout faire
Les sports comme le golf, le tennis et la natation m'aident grandement à préserver mon équilibre. J'ai le privilège de bénéficier d'une excellente santé physique. Toutefois, afin de garder le cap, je dois faire les efforts nécessaires pour ne pas perdre le contrôle sur ma vie. Surtout, je dois apprendre à m'arrêter, parfois, ce qui est loin d'être facile. Je crains le jour où je devrai accrocher ma raquette de tennis ou mes bâtons de golf, à mon corps défendant. Pourtant, je le sais, la vie nous attend au tournant, et on entre dès lors dans le club des TAMALOU! T'as mal où?

L'âge de la retraite signifie sans contredit l'âge du vieillissement. On amorce le troisième tiers de notre existence et cela saute aux yeux. Je me souviens d'un voyage sur l'autoroute Paris-Normandie, en 1992. Perdue dans mes pensées, je me dirigeais vers les funérailles de Babo, ma grand-mère centenaire. La radio diffusait une entrevue avec l'actrice française Jeanne Moreau. De sa voix si reconnaissable, la célèbre fumeuse s'insurgeait contre l'intervieweur qui lui demandait si cela ne l'affectait pas trop de vieillir, elle qui avait incarné la beauté, la jeunesse et la grâce. Elle lui répondit d'un ton sec: «Moi monsieur, je ne vieillis pas, j'avance en âge!» Aujourd'hui, sachant que *j'avance en âge* avec certitude, j'aime lancer cette répartie lorsqu'on me rappelle cette inexorable fatalité.

De multiples documents de médecine et de psychologie[15] affirment qu'il faut avancer en âge dans l'action pour réduire les risques de vieillissement prématuré. J'en suis profondément convaincue. Lorsque le pendule a sonné la soixantième année de mon existence, j'ai eu l'impression très nette d'être un imposteur. Ma carcasse entrait dans le monde des sexagénaires, mais mon cœur, ma tête, mon énergie et mes rêves n'avaient aucun lien avec cet univers que la société nous martèle. Cinquante ans plus tôt, nos ancêtres étaient considérés comme vieux à soixante-cinq ans. Heureusement, la notion de vieillesse s'est transformée. Aujourd'hui, la vieille, ce n'est pas moi, c'est celui ou celle qui refuse de s'adapter, qui ne fait que réagir.

---

15 «L'administrateur en chef de la santé publique. Rapport sur l'état de la santé publique au Canada. 2010» – http://bit.ly/1tKDjis.

Repousser l'âge de la vieillesse…

Un sondage réalisé auprès de 1 000 Américains révèle que pour presque le tiers des trentenaires, on devient vieux entre soixante et un et soixante-dix ans. Alors que plus des deux tiers des 50-64 ans estiment que la notion de vieillesse intervient plutôt au-delà de soixante et onze ans[16]. Même constat chez 60 % des plus de 65 ans qui pensent que l'on devient âgé après soixante et onze ans. Bizarres, tous ces chiffres! Et pourtant… Je vous invite à venir sur un terrain de tennis ou de golf, admirer la performance de ces *p'tits vieux* de soixante-dix ans et plus. Vous m'en donnerez des nouvelles!

Lorsque je rencontre les jeunes que je *mentore*[17], je ne sens pas cette notion d'âgisme. Au contraire, je ressens plutôt leur soif d'apprendre de quelqu'un qui est tout simplement plus expérimenté qu'eux. Transmettre mes compétences se conjugue plus que parfaitement à mes objectifs de vie. Il me serait impossible d'entrevoir la suite des choses sans ce contact privilégié avec ces adultes en devenir.

Chaque instant de ma retraite active se passe assez sereinement, grâce aux multiples occupations que la vie me propose. Être désirée et sollicitée dans différentes sphères d'activité, c'est sympathique et flatteur. Mais on ne peut pas compter que sur la sonnerie du téléphone. Il faut créer des situations.

Par exemple, je ne ressens aucune gêne à me réserver une journée de golf seule et accompagner trois personnes qui me sont étrangères. Pas question de me priver de mon sport préféré sous prétexte que tous mes amis golfeurs sont occupés ailleurs.

---

16   http://bit.ly/Z5LV86.
17   Voir le chapitre «La relève», p. 93.

L'attrait de nouvelles rencontres constitue pour moi un des agréments que la retraite me propose. À quelques occasions, la partie se termine au « 19ᵉ trou », soit la terrasse du club de golf, ou encore mieux, autour d'une bonne table. C'est ainsi que l'on se crée un nouveau réseau de connaissances et d'amis qui prennent la place de ceux qui ont disparu du radar pour toutes sortes de raisons, bonnes ou mauvaises.

* * *

En amitié, être passionné et détester les injustices sont de belles qualités, mais elles créent également leur lot d'irritants, surtout pour les autres, semble-t-il. Des conflits latents, justifiés ou non, amplifient parfois ma crainte de perdre des amis à un âge où il est vital de les conserver[18].

Pourtant, la retraite sert aussi à faire le grand ménage. Un élagage naturel ou forcé se produit. On ne sait pour quelles raisons, mais les affinités et les amitiés prennent dans certains cas des chemins différents.

L'importance de se bâtir un réseau lorsque l'âge avance

Je sais, je sais ! Nous sommes tous de passage. Il nous faut continuellement entretenir un réseau pour établir et maintenir la vie autour de soi. Au fil des ans, je me suis construit un imposant carnet d'adresses professionnelles, laissant tomber du coup, avec quelques regrets, des amitiés[19] qui auraient pu me suivre pour encore longtemps.

---

18 Voir la section « Le deuil d'amis », p. 224.
19 *Ibid.*

Toutefois, quelques-uns de ces noms sont devenus plus que des relations d'affaires, pendant un certain temps du moins. On échappe certaines d'entre elles, on en tisse de nouvelles, mais je ferai mentir le proverbe qui dit « une de perdue et dix de retrouvées ».

Il en va de l'amitié comme de la réputation : facile à perdre, difficile à rebâtir.

Avec l'âge, les relations amicales évoluent. On se connaît davantage. On sait un peu plus ce que l'on veut, et surtout ce que l'on ne veut pas. Alors, on devient parfois moins conciliant, trop honnête. Pourtant, je peux affirmer – et mes amis seront sans doute de cet avis – que je me suis assouplie avec l'âge. Non pas que je ramollisse, mais les quelques amitiés perdues au fil des ans[20] m'ont suffisamment blessée pour que j'en arrive à comprendre qu'il est parfois préférable de se taire ou de se retirer plutôt que de risquer de tout perdre.

C'est donc en étant plus indulgente que j'ai préservé mon réseau d'amis. Je possède plusieurs dizaines de numéros de téléphone, mais qu'on se comprenne bien, cela ne veut pas dire que ce sont tous des amis d'égale valeur. On a parfois tendance à confondre les connaissances et les amis.

Mon carnet d'adresses se découpe selon mes activités. Bien sûr, il y a le réseau restreint ; ces amis qui possèdent LE téléphone rouge. Ceux-là, je les compte sur les doigts d'une seule main. C'est mon réseau cinq étoiles. Il y a aussi mes amis intellos, avec qui j'aime refaire le monde autour d'une bonne table, et des amis avec qui c'est tout simplement sympathique de se retrouver de temps en temps...

---

20   Voir la section « Le deuil d'amis », p. 224.

Je n'aurais jamais cru que le sport puisse être un moyen si efficace de réseauter.

Le golf et le tennis m'offrent, presque chaque fois, l'opportunité de faire la connaissance de nouveaux visages. Un clic ou un appel suffisent pour rejoindre un groupe et combler ma journée. L'effort est loin d'être surhumain, mais je sais que, pour certains d'entre vous, avoir à solliciter des gens pour une activité quelconque exige une dose d'humilité que seule l'ardeur peut récompenser. En déménageant sur la côte ouest-floridienne, je n'avais pas réalisé la somme d'efforts qu'il me faudrait déployer pour me bâtir un réseau de golfeurs et de joueurs de tennis. Heureusement que ma gêne est ailleurs. Ce qui me permet de solliciter plus aisément mes alter ego sportifs.

Deux amies retraitées à la recherche de l'âme sœur l'ont trouvée en s'inscrivant à un club cycliste. À notre époque, il ne devrait y avoir aucune raison de se sentir seule grâce, entre autres, à Internet. Par curiosité, j'ai inscrit les mots *sport* et *réseautage* dans le navigateur de recherche. Les possibilités sont multiples. Osez!

> «L'art de se créer un réseau: si vous voulez qu'on s'intéresse à vous, commencez par vous intéresser aux autres.»
>
> Sandrine Chesnel

En 2011, la force et la nécessité d'un réseau me sont apparues comme la Vierge devant les enfants de Fatima. Quelques jours à peine après l'arrivée de ma mère dans une résidence pour aînés[21], le

---

21 Voir le chapitre «Ma mère», p. 161.

personnel était très étonné de voir autant de visiteurs dans sa chambre. Pendant plus de quarante ans, au travers de toutes ses activités bénévoles, Annick s'était constitué un réseau très enviable.

Son talent culinaire et son sens peu commun de l'accueil faisaient en sorte que sa maison était toujours remplie d'amis qui avaient impatiemment espéré que l'invitation arrive pour enfin se délecter. Et lorsque la maladie lui a imposé de renoncer à toutes ses occupations, son réseau s'est activé. Personne ne l'a laissée tomber. Pas l'ombre d'une inquiétude ne m'a envahie lors de mes fréquentes absences de son chevet. Quel contraste de voir ma mère si bien entourée alors que, dans la chambre voisine, aucun va-et-vient, sauf celui des préposées qui allaient et venaient quelques fois par jour. À chacun de mes passages devant cette chambre triste, je me faisais un devoir de saluer cette dame, une Française comme ma mère, en implorant la vie de m'épargner un tel abandon.

Cette solitude est loin d'être unique. Les aînés, pour la plupart, ne sont pas de la génération «réseautage». Le nombre de personnes âgées seules fait peur. Dans une société où tout roule à 400 à l'heure, l'isolement social augmente avec l'âge, encore plus chez les aînés à faible revenu.

Se créer un réseau au commencement de la retraite exige énormément de courage et un tantinet de confiance en soi. Imaginez, jamais de coup de téléphone d'amis, jamais une invitation et il vous faut entreprendre le troisième tiers de votre vie dans de telles conditions. Rien que d'y penser, je meurs un peu.

* * *

Lorsque j'ai vendu ma maison, j'étais soulagée d'entendre des amies m'offrir leur aide pour le déménagement et l'aménagement dans mon condo. Dans les mois qui ont suivi, un accompagnement à l'hôpital pour une chirurgie d'un jour et quelques bons repas préparés par Solange, une amie d'enfance, m'ont redonné plus rapidement la santé pour poursuivre ma vie de retraitée active.

Ces petits moments de vie, tellement importants, me rappellent à quel point je suis privilégiée d'avoir un réseau d'une si grande qualité. Le réseau, peu importe lequel, mais particulièrement celui des amitiés, doit continuellement s'entretenir.

It takes two to tango

Cette expression populaire a été utilisée à plus d'une reprise dans l'histoire, notamment par Ronald Reagan en 1982 lors de sa tentative de mettre fin à la guerre froide avec l'ancienne URSS. Il en va de même pour les amitiés et le réseautage : l'entretien, les gâteries, la démonstration de sa présence, les petites attentions, etc. Tout se joue à deux. Rien n'est à sens unique. «Si tu m'apprivoises, nous aurons besoin l'un de l'autre», a écrit Saint-Exupéry pour le Petit Prince qui cherchait à se faire des amis.

Je vais vous faire une révélation qui me demande un peu de courage et beaucoup d'humilité, mais bon, je saute, puisque ce livre suggère d'aller de l'avant. J'admets que je suis très proactive quand vient le temps d'entretenir certaines amitiés. Mais parfois, j'en ai ras le bol de faire les premiers pas constamment. Holà, mes amis ! Je ne vise personne en particulier. ☺

Ce n'est pas de gaieté de cœur non plus que je vous fais cette confidence : ma peur du rejet ou de l'abandon, celle qui me poursuit depuis ma tendre enfance, me pousse à utiliser tous les moyens, téléphone, texto, courriel, pour espérer une simple jasette, un souper, une rencontre, une invitation, etc. Toutefois, soyez rassurés. Cette crainte ne motive pas toutes mes démarches amicales... sans quoi, Machiavel sort de ce corps! ☺ Mes amies thérapeutes en relation d'aide me définissent comme une « abandonnique » par opposition au déserteur... Quoique... Il m'est aussi arrivé de déserter, mais de façon plus rarissime.

> « La vie est si courte qu'il ne faut
> pas se priver de tout plaisir. »
>
> Marie-Henri Beyle, dit Stendhal

Le plaisir ressemble à un « état affectif plus ou moins passager, lié à une sensation agréable ou à la satisfaction d'un besoin, d'un désir[22] ». Ainsi, plus le temps passe, plus nous sommes pressé de renouveler cet état affectif. Pour moi, il ne peut en aller autrement : le plaisir se partage. Même si, parfois, il peut être agréable de le vivre en solitaire.

Après des années de labeur, le plaisir doit prendre la place qui lui revient. Vous n'avez pas idée du contentement que j'ai à me retrouver avec des amis(es). Que ce soit autour d'une bonne table, sur le parcours de mon terrain de golf favori à Val-Morin ou en double au tennis, toutes les occasions sont bonnes pour introduire la notion de plaisir aux différentes facettes de ma vie. Jamais je ne me lève à reculons pour vaquer à mes activités. Et je ressens cette même sensation de plaisir lorsque je partage

---

22   Dictionnaire Antidote.

mon temps avec des personnes dans le besoin, des organismes communautaires ou lorsque je fais du mentorat.

Il y a quelques avantages à vieillir si on sait bien utiliser son expertise et son expérience. Je suis convaincue que nous augmentons nos chances de vivre plus longtemps si nous restons actif, que ce soit pour le plaisir ou pour se sentir utile. La retraite ne devrait avoir aucun lien avec le misérabilisme ou la victimisation comme on le voit trop souvent chez certains aînés qui ont mal préparé leur retraite.

Qui dit plaisir dit parfois égoïsme

En 2008, je commençais à peine à jouir de ma nouvelle vie : je devenais officiellement une *snowbird*. Je me préparais à passer mon premier hiver en Floride.

Un dimanche d'automne, Mario Dumont se présente à la maison en espérant me convaincre de faire le grand saut en politique. J'avoue qu'il me séduisait par ses principes, ses valeurs fondamentales qui, à mon avis, n'ont jamais été aussi de droite que ses détracteurs le prétendaient. Mais j'ai préféré passer mon tour. Ce refus était une décision purement égoïste de ma part, je l'admets, mais je n'en ai ressenti aucune culpabilité. Surtout en voyant le résultat désastreux des élections du 8 décembre. Tout un recul pour un parti qui avait pourtant réussi à amener quarante et un députés à l'Assemblée nationale l'année précédente. Il ne lui en restait plus que sept.

En 2011, une nouvelle formation voyait le jour et, à la fin de cette même année, l'exécutif de l'Action démocratique du Québec annonçait son intention de fusionner avec la Coalition Avenir Québec. François Legault, un ancien ministre du Parti québécois, en devenait le chef.

En août 2012, le gouvernement provincial de Jean Charest déclenchait des élections. François Legault a également tenté de me convaincre de me lancer dans la course. Sans succès.

L'année suivante, il a récidivé. Ma réponse est demeurée la même, mais cette fois-ci, mon refus était teinté d'un brin de culpabilité. Non, le plaisir n'était pas las, mais je poursuivais toujours cette quête d'«utilité». Après plusieurs sollicitations en provenance de différentes formations politiques, je devais me poser la vraie question: «Est-ce que la politique serait le meilleur véhicule pour moi qui suis toujours désireuse d'être au bon endroit au bon moment?»

Pourquoi ai-je, une fois de plus, rejeté l'appel de la politique?

Les commentaires d'amis proches, d'anciens politiciens, de gens de tous les partis que j'ai côtoyés professionnellement et bien au-delà étaient unanimes; tous m'ont convaincue de rester à l'écart. Me lancer en politique m'obligeait à mettre une croix sur un calendrier déjà passablement rempli: écrire dans un hebdo, donner des conférences, animer des colloques, participer à des émissions de radio ou de télévision, m'impliquer dans diverses causes qui me tiennent à cœur, poursuivre la pratique de mes sports favoris, voyager et fuir l'hiver et son froid que je ne supporte plus et... écrire ce livre.

En restant libre de toutes les contraintes politiques et loin d'une ligne de parti, je pouvais continuer à faire œuvre utile et, parfois, à brasser la cage de mes congénères, trop souvent gênés de vouloir changer les choses. Étais-je influencée par l'expérience politique racontée par Mme Lise Payette en 1982 dans l'essai *Le Pouvoir? Connais pas!*[23]? Peu importe, d'autres projets m'attendaient, d'autres moyens pour aider allaient continuer de se pointer dans les semaines et les mois à venir.

> «Le plaisir cesse d'être goûté, quand mal à propos on s'obstine à la fade uniformité.»
>
> Antoine Bret

Malheureusement, beaucoup trop de gens sont réfractaires au changement. Pourtant, la nouveauté et l'ouverture vers les autres et vers le monde recèlent tellement de richesses! Aller vers le *bonheur inconnu* nous force à tasser le doute. Plusieurs nouveaux retraités se laissent anéantir par l'incertitude. Alors, comment amorcer le troisième pan de sa vie sereinement et dans l'action sans trop d'hésitation? «Il vaut mieux avoir des remords que des regrets[24]», me répétais-je fréquemment.

La vie n'est pas un long fleuve tranquille

Prendre sa retraite exige de faire l'apprentissage d'une nouvelle vie, parfois remplie de vide. Pour quelqu'un comme moi, dont l'emploi du temps est aussi chargé que celui d'un premier ministre, ce n'est pas évident. Toujours cette même peur du vide, de l'inaction. Ce qui me pousse parfois, mais de moins en moins fréquemment, à occuper mon temps avec quelqu'un ou quelque chose qui ne correspond pas toujours à mes aspirations. C'est la

---

23   Payette, Lise, *Le Pouvoir? Connais pas!*, N. éd., Outremont, Athéna Éditions, 2010, 212 pages.

24   Wilde, Oscar, *Le Portrait de Dorian Gray*, Paris, Le Livre de Poche, 1990.

pire des situations, et j'en sors généralement frus-
trée. Alors, pour lutter contre cette faiblesse, j'ai toujours quelques projets dans mes bagages.

La retraite devrait nous permettre d'accéder
plus facilement à nos désirs. J'en suis un bon
exemple. Vivre mes rêves plutôt que rêver ma vie[25]
me convient tellement, à ce moment-ci de mon existence. En général, l'être humain vit pour ses projets, ses rêves. Au tournant du troisième âge, il me
paraît impérieux d'emmagasiner quelques splen-
dides ambitions. L'écriture de ce livre est devenue
LE défi de mes deux dernières années.

J'ai beaucoup de peine lorsque je vois de nouveaux retraités accrocher leur vie à une patère
comme si plus rien n'avait d'intérêt : pas de projets,
pas de rêves, pas de flamme, pas ou peu de reconnaissance et par conséquent, pas de vie.

Cet état de fait se voit plus fréquemment chez
les hommes que chez les femmes. L'homme, le pour-
voyeur, celui qui prenait soin de sa famille, tombe
en quelque sorte dans un trou noir au moment de
la retraite, surtout lorsqu'elle n'a pas été bien préparée. Remarquez qu'au XXIe siècle, les femmes ne
sont pas épargnées non plus.

Mes amis Richard et Lise ont organisé leur
existence pour avoir le moins de doutes possible.
Richard était directeur du service informatique
d'une commission scolaire. Lise photographiait la
vie. Leur expertise, leur talent et surtout leur envie
de demeurer actifs m'ont ouvert les portes du Web.
Ils sont à l'origine de mon site internet et, *de facto*,
de mon ouverture au monde.

---

25 Slogan offert à la relève de la Maison des jeunes Kekpart, voir le chapitre «La
relève», p. 93.

Depuis qu'ils sont à la retraite, mes amis passent leurs hivers au chaud et font fondre tout doute en s'activant auprès de retraités ignorant tout des nouvelles technologies. Je les admire de se tenir ainsi occupés intellectuellement. Et puisque chacune de mes conférences sur la retraite s'accompagne d'une présentation au format PowerPoint, je ne manque jamais de souligner leur valeur ajoutée. Je les reconnais.

Richard et Lise font bande à part. Après trente-cinq ans de mariage, un fils et une retraite bien méritée, ils ont su se renouveler, se redécouvrir et se trouver des intérêts communs. C'est aussi grâce à eux que je me suis mise au tennis. Durant l'hiver, loin du froid, presque tous les matins nous nous retrouvons, raquette à la main, prêts à suer un bon coup durant deux heures. J'ai quelques bons exemples similaires autour de moi. Cela me rassure.

Toutefois, rien n'est parfait et je déplore quelques histoires malheureuses dans mon répertoire d'amis.

C'est à prendre ou à laisser!

La libération des femmes a modifié le portrait familial de façon radicale. Pour preuve, le nombre croissant de séparations ou de divorces, parfois après de nombreuses années de mariage, ou même après la retraite. Mes amis Marie et Joseph (prénoms fictifs) en sont un triste exemple. En 1998, ils ont célébré leur cinquantième anniversaire de mariage, encore incapables de se regarder en face. Leur constat d'échec était sans équivoque.

Marie était dans un tel état! Un jour, j'ai osé lui dire qu'il n'était jamais trop tard pour trouver le bonheur. Pour elle, ce fut le début d'un temps nouveau. À soixante-huit ans, cette professeure à la retraite a enfin quitté l'homme avec qui elle avait eu quatre enfants. Elle a osé se reconnaître. Oser est le mot. Marie est rapidement devenue une veuve joyeuse car, à peine un an et demi après leur séparation, la bambochade aura eu raison du corps de Joseph. Que Dieu ait son âme !

« Le bonheur, c'est comme du sucre à la crème. Quand on en veut, on s'en fait. »

Judith Paré, une chroniqueuse à la radio durant les belles années de CKAC, avait lancé cette superbe phrase lors d'une de ses chroniques sur la qualité de la vie. Sans connaître cette devise, Marie l'a très rapidement adoptée après la mort de Joseph. Mais il a tout de même fallu qu'elle apprivoise sa nouvelle vie. Se retrouver seule à l'aube de ses soixante-dix ans demandait du courage. J'ai été émerveillée le jour où elle a réclamé un ordinateur portable et une connexion internet à son fils. Elle était résolument prête à entrer dans le XXIe siècle. Malgré une arthrite rhumatoïde sévère, elle manipule le clavier avec délicatesse en jouant au bridge avec l'univers. Une activité que beaucoup de nouveaux retraités ajoutent à leur emploi du temps.

Le portable oui, Internet oui, mais le bridge, je passe mon tour. Pour le moment du moins.

* * *

Avec l'âge devrait aussi venir le désir d'être plus près de ses besoins, de ses aspirations ; d'être de plus en plus vrai. Il me semble que lorsqu'on se connaît bien soi-même, il est plus facile de connaître l'autre. Or, ce n'est pas toujours le cas. À l'âge de la retraite, ceux qui forment un couple depuis de nombreuses années se font désormais face vingt-quatre heures sur vingt-quatre. Plusieurs découvrent un étranger ou une étrangère et ne peuvent imaginer un seul instant entamer le troisième tiers de leur vie avec lui, ou elle. Certains font semblant de s'en accommoder pour des raisons économiques évidentes, ou pour des raisons de dépendance affective. Le résultat est le même : c'est le portrait de la tristesse, des tensions et des conflits qui se dessine à l'horizon.

Marie-Paule Dessaint, *coach* de vie, anime des ateliers de préparation à la retraite[26]. Elle se désole de voir de plus en plus de couples se désunir durant les cinq premières années de leur retraite : « Les gens se séparent beaucoup trop vite parce qu'ils pensent que leurs difficultés vont persister. »

* * *

Vivre avec soi-même comporte également son lot de difficultés. Il m'arrive parfois de vouloir me séparer de ma personne ! Être vingt-quatre heures sur vingt-quatre avec moi-même m'oblige à revoir mes positions, mes attitudes, mes contradictions. Lorsque j'étais sur le marché du travail, il m'était plus facile de m'étourdir pour éviter de me faire face, alors que maintenant, je n'ai que moi à blâmer ou à féliciter. Pourtant, je comprends très bien que des gens puissent m'envier de vivre seule : pas de compromis à faire, pas de permission à demander... Mais personne à chouchouter. Même si je partage le proverbe de Jean-Jacques Rousseau : « Il vaut mieux être seul que mal accompagné », je persiste à croire qu'à deux c'est mieux.

---

26 www.marie-paule-dessaint.com.

* * *

La retraite se définit de diverses façons. Je souscris à ces quelques synonymes : oasis, recueillement, thébaïde. Une retraite peut être un endroit paisible où méditer, se recueillir. À la campagne, devant mon lac, il m'arrivait de prendre le temps de m'asseoir au quai et d'adopter une des définitions de la retraite dans ce qu'elle a de plus idéalisé : vivre le ravissement d'un coucher de soleil, contempler le toit rouge de la maison de l'autre côté du lac, admirer les sapins, les érables et les chênes se mirer dans cette étendue d'eau vieille de trente-cinq mille ans me faisait réaliser qu'il existe des moments de perfection. Je ne voulais être nulle part ailleurs. Simplement profiter du moment présent. Ce plaisir ne s'exprime pas toujours dans l'extrême mobilité ou agitation. Je dois me le rappeler fréquemment, étant de type plutôt hyperactif.

À mon avis, l'âge de la retraite est conçu pour regagner les plaisirs manqués. J'avoue avoir de la difficulté à dire non aux propositions séduisantes. D'ailleurs, l'année 2012 a été particulièrement chargée en émotions et en plaisirs multiples ; ces moments se sont révélés aussi diversifiés que la palette de couleurs d'un coffret de crayons Prismacolor.

Quelques semaines après le décès de ma mère, le goût de voyager m'est revenu. *Les Touilleurs*, ces chefs cuisiniers de l'émission du même nom, sur ARTV, m'ont fait une proposition que l'épicurienne en moi ne pouvait absolument pas refuser : un voyage gastronomique à Chicago. Au menu : des repas dans les meilleurs restaurants – dont le célèbre Alinea, coté trois étoiles au Guide Michelin, une visite au marché Green, une sortie dans un club de blues, ainsi que trois visites guidées de l'impressionnante architecture de Chicago.

Alinea!!! Le El Bulli de l'Amérique! La seule mention de ce nom enchante mes papilles gustatives. Tout ça, c'est la faute de Benoît Gagnon, ex-animateur de *Salut, Bonjour!* Je l'avais croisé dans une salle de maquillage alors qu'il revenait tout juste d'une expérience culinaire dans la Ville des vents. Il en était complètement transformé. Même à 5 heures du matin, il avait réussi à m'insuffler l'irrésistible envie d'Alinea. Le ciel n'ayant pas de prix, j'ai décidé d'embarquer dans ce voyage gastronomique et d'entraîner avec moi Lynda, une bonne amie du club de golf de Val-Morin. Elle était la personne toute désignée pour vivre cette flamboyante expérience.

À trois semaines du départ, Alinea a modifié son système de réservations, et un groupe de vingt personnes ne pouvait plus réserver deux mois d'avance. Quelle déception! Encore une fois, le ciel n'a pas de prix. Lynda et moi voulons aller au célèbre resto, considéré comme un des dix meilleurs en Amérique... Caprice, soit, mais nous y sommes allées. Dix-neuf services, tous plus spectaculaires les uns que les autres. Que du bonheur!

Ce trop court séjour a été tout aussi excitant et palpitant que mon envolée en CF-18 dans les jours qui ont suivi mon retour. 2012, une année hors norme, je dois bien l'admettre, puisque vécue aussi dans l'ombre du décès de ma mère.

Certains plaisirs ne s'achètent pas, mais ils s'obtiennent après quelques labeurs
Le vol en CF-18 m'a été offert après une conférence sur la prévention du suicide à la base militaire de

Bagotville. Le colonel de la base, Paul Prévost, voulait me témoigner sa reconnaissance pour avoir partagé ma passion et mon goût de vivre avec les soldats venus m'écouter.

J'ai toujours aimé l'idée de repousser mes limites, de sortir de ma zone de confort. Et ma soixantaine n'y a rien changé. Le 6 septembre 2012, le paroxysme était atteint. Ce n'est pas d'hier que j'ose fouetter ma mécanique. Chaque expérience inhabituelle me conforte dans mon état d'humain, mais effectuer un vol en CF-18 sur 1 100 km en une heure onze minutes et passer en mode supersonique à 1 500 km à l'heure relève d'une activité peu commune ! Faire vivre à mon corps de sexagénaire 5,2 G, soit cinq fois mon poids normal, exige une totale confiance envers le pilote. Il me fallait aussi une totale confiance en mes capacités.

Bien sûr, je me suis prêtée aux examens médicaux afin de m'assurer de ma bonne santé physique et mentale. Le *seat test* sortait de l'ordinaire et j'ai dû mémoriser au moins six manœuvres en cas d'éjection ou d'écrasement d'avion. Humm… Pas évident d'assimiler en deux heures toutes les informations qui me permettraient de survivre à cette envolée particulière si jamais le pire arrivait.

Quand même ! Le plaisir se mérite. Mon « Je suis prête ! » avait intérêt à devenir ma devise à partir du moment où le colonel Prévost rabattrait le toit de verre sur nos petites personnes. Crainte et exaltation se sont alors entremêlées. Non, je ne suis pas une *superwoman*. Je ne vous cacherai pas que mes palpitations cardiaques se sont un peu emballées.

À mon grand étonnement, alors que nous prenions de l'altitude, ma peur est demeurée au sol. Elle n'est revenue que quelques secondes, le temps

d'une pirouette – un 360 degrés – passant de 10 000 à
20 000 pieds en quatre secondes. Oui, vous avez bien
lu.

Plus tard, mon amie Lise m'a dit en regardant
les photos : «T'es dans ta vie, ma Jocelyne!» C'est
vrai, Lise. Vivre, transmettre, partager et donner le
goût de se dépasser est devenu mon leitmotiv. Rien
n'est parfait, nous le savons tous. Mais croyez-moi, il
existe des instants de perfection et de belle intensité,
comme cette expérience aérienne hors du commun
dont m'a fait cadeau le commandant de la base militaire de Bagotville. Je tiens quand même à préciser
que ce cadeau était préprogrammé dans le cadre
d'une opération militaire déjà prévue.

Ces moments nous font parfois oublier les points
sombres de notre existence. J'ai choisi la vie à la
vitesse grand V et parfois même à force G. Ce jour-là,
j'ai compris tout le sens de G : gravité et gravité du
moment. De 1-G, on passe à 2-G ; je vis de nouvelles
sensations, puis à 3-G ; je suis comme une enfant
et à 4, j'en veux encore ! À 5,2-G, mon corps s'est
comprimé tel un bras dans le tordeur. Mon super
pilote a refusé que l'on atteigne le 6-G. «Demeurons raisonnables, madame Cazin!» m'a répondu le
colonel. Il avait comme objectif d'atteindre les 3-G,
où il devient impossible de bouger de son siège. De
toute façon, je n'avais aucune intention de quitter
l'avion!

On m'avait prévenue de tout de ce qui pourrait arriver avant et après ce vol. J'aurais dû être
malade ou perdre connaissance. Je n'ai eu que du
plaisir ! J'ai aussi savouré la joie de rencontrer des
gens dédiés, des soldats d'une extrême gentillesse
et qui croient en leur véritable mission : préparer
leurs collègues chasseurs dans les moindres détails.

Mon tour en CF-18 m'a rappelé la réaction amusante de l'ancien ministre de la Défense nationale – et ancien pilote de guerre – Gilles Lamontagne, qui avait lancé aux journalistes en descendant du supersonique : «Vous savez, c'est comme l'amour; quand vous vieillissez, vous ne le faites plus de la même façon, mais vous aimez toujours ça.» Disons que c'est l'aspect grivois qui a ramené cette citation à ma mémoire. Mes plus proches amis me reconnaîtront. ☺

* * *

Le plaisir n'a pas de frontière. Deux mois après ce vol mémorable, je décidais de partir m'amuser quelques jours sur les plus beaux terrains de golf de la Côte d'Azur. Jouer en se pâmant devant la Méditerranée avec, au passage, une visite d'un jour à Saint-Tropez, puis à Cannes, Nice et Monaco. Ma retraite n'a vraiment rien d'un sacrifice…

Le plaisir se vit dans la joie d'être ici et maintenant, dans le moment présent. Bien sûr, il peut différer selon nos envies, nos personnalités, notre éducation et notre capacité à prendre plaisir. Par exemple, je n'aurais aucun plaisir à sauter en parachute, contrairement à mon ami André, qui en rêvait depuis des lustres. Or, lors d'une activité bénévole où il m'accompagnait, André a été l'heureux gagnant d'un saut en parachute. Il a su en profiter et, à soixante-huit ans, il a réalisé un de ses plus grands rêves.

* * *

« Le véritable lieu de naissance est celui
où l'on a porté pour la première fois un
coup d'œil intelligent sur soi-même… »

Prendre sa retraite, c'est aussi avoir le privilège d'aller vers une meilleure connaissance de soi. À mon humble avis, très peu de gens profitent de tous les outils accessibles (aide psychologique, livres, etc.) pour mieux se définir. Après être sortie du tumulte de ma vie professionnelle, je tente, un peu à la manière de Blaise Pascal, d'ausculter l'âme qui m'habite : « Il faut se connaître soi-même ; quand cela ne servirait pas à trouver le vrai, cela sert au moins à régler sa vie, et il n'y a rien de plus juste[27]. »

Je répète souvent que la vie, en soi, est un effort. Lorsque je fais face à mes faiblesses, je conteste d'abord, puis je me résigne devant l'évidence. Enfin, devant ma personnalité qui me fait suer parfois et après quelques négociations avec moi-même ou avec une aide extérieure, j'en arrive à m'accepter. Aujourd'hui, très aisément, j'affirme que je me connais, et je m'aime quand même. Cela fait de moi une personne toujours vivante et, la plupart du temps, heureuse de l'être. Mais Dieu que le travail sur soi apporte son lot d'angoisses !

En fait, n'ayant plus l'obligation d'être performante professionnellement, je me consacre à devenir une meilleure personne chaque jour. J'ai du temps pour me voir vivre et j'espère en avoir tout autant pour m'améliorer. Je dois cependant admettre que mes tourments viennent souvent des autres ; ceux ou celles – heureusement, ils sont peu

---

27 Pascal, Blaise, *Pensées*, Paris, Gallimard, 2004.

nombreux – qui, un jour, ont décidé de ne plus m'accepter comme je suis[28].

* * *

« Pense amour et dis-toi que tu es
là où il est bon que tu sois. »

Richard Bach

Je répète souvent cette phrase de *Jonathan Livingston le goéland*. Très naïve, me direz-vous, mais dans son fondement même, elle ne peut être autrement. On entend aussi souvent dire : « Heureux en affaires, malheureux en amour. » Je dois admettre que mon amour du métier a souvent pris le dessus sur l'amour de l'autre, de l'être. Probablement, étais-je trop indépendante. Trop exigeante également, à une certaine époque de ma vie. La retraite m'impose de voir la vie à deux autrement. Aujourd'hui, j'ai du temps et du cœur pour aimer. Mais pour une sexagénaire, trouver l'âme sœur, ou l'homme qui répond à mes aspirations, apparaît une entreprise ardue. À mon grand désarroi, trop d'hommes préfèrent jeter leur regard sur les *poulettes*. Cela dit sans méchanceté !

C'est comme si, à partir de soixante ans, les femmes ne pouvaient plus susciter le désir. Je vous le dis, messieurs : vous ne savez pas ce que vous manquez !

Choisir ses batailles
L'un des rares avantages à vieillir, ou à avancer en âge, c'est d'avoir la sagesse de connaître la

---

28 Voir la section « Le deuil d'amis », p. 224.

différence entre ce que l'on peut et ce que l'on ne peut pas changer. J'apprends de plus en plus à choisir mes batailles.

Vous connaissez la prière de la sérénité? «Mon Dieu, donnez-moi la sérénité d'accepter les choses que je ne puis changer, le courage de changer les choses que je peux et la sagesse d'en connaître la différence.»

Entre vous et moi, j'ai récité des milliers de fois cette prière. Elle m'aide à retrouver le bon accord lorsque mes notes sonnent faux. Avant chacune de mes interventions, ce rituel bénéfique m'apaise, me rassure et me donne le courage et la sérénité d'entreprendre.

Il est important de m'asseoir de temps en temps pour faire le point, afin de réviser mes priorités; ce qui m'allume, ce qui m'éteint. Par exemple, je sais maintenant que je ne veux plus d'occupation stressante ou conflictuelle.

J.E.: Jocelyne-Emmerdeuse
À différentes époques de ma vie professionnelle, certains collègues disaient de moi que j'étais une personne impulsive et difficile. Il est vrai que je suis de nature impatiente. Un ancien patron m'a même déjà considérée comme *un mal nécessaire*. Je lui avais répondu que je prenais sa remarque comme un compliment. Ma réponse l'avait amusé. D'ailleurs, il est un des rares dont la franchise faisait partie de ses outils de travail. Nous sommes restés bons amis.

Inévitablement, l'*après-Gaétan* et le début de ma ménopause ont grossi certains traits de mon tempérament. Encore aujourd'hui, les femmes qui s'expriment avec force et caractère – et j'en suis – sont considérées comme des *emmerdeuses*, alors que chez les hommes, ce comportement est perçu comme du *leadership*. Heureusement, la passion du métier a amené *l'emmerdeuse* exactement là où elle désirait aller.

Ce n'est qu'après la mort de Gaétan, bien des années plus tard, que j'ai appris à choisir mes batailles. J'ai commencé à moins douter. Et j'ai compris qu'un peu moins de perfectionnisme n'enlèverait rien à mon professionnalisme.

Un terme couramment utilisé dans le domaine de la finance est tout à fait approprié, et je l'ai adopté : la valeur fondamentale. Elle se veut une référence éthique, un repère de démarcation entre le juste et l'injuste[29].

Lorsque j'animais l'émission quotidienne *Dans la mire.com*, j'étais devenue un peu plus calme et plus patiente. Au début, du moins ! Chaque matin, mon équipe et moi travaillions à produire les meilleurs sujets d'actualité : ceux qui inciteraient les téléspectateurs à rester devant leur petit écran. Il nous arrivait parfois de diverger sur des points de vue, sur la séquence des thèmes à traiter ou sur les personnes à inviter ou non.

Après plusieurs minutes d'argumentation, les titans ne voulant point céder, je réfléchissais sur l'aspect fondamental de la divergence. Les colonnes du temple allaient-elles être ébranlées si je maintenais ma position ? Assez fréquemment, je lâchais prise et je ne déchirais plus ma blouse. Le but étant de servir l'émission, non mes intérêts personnels.

Mes collègues comprenaient aussi ce principe, ce qui favorisait le travail intelligent et nous permettait

---

29   http://cef.hypotheses.org/693.

ainsi de gagner du temps. Après quelques sautes d'humeur dérangeantes, j'ai compris que je n'avais pas à sauver des vies dans mon métier et que je n'avais pas à endosser toutes les responsabilités sur mes épaules.

Quoi que vous en pensiez, perdre l'habitude de vivre avec un niveau de stress élevé n'est pas une mince tâche. Comme si le besoin de stress était directement relié à la nécessité de se sentir utile. À la retraite, j'ai cuisiné cette recette miracle : rester dans l'action sans obligation de performance.

J'arrive maintenant à résister à certaines propositions qui contribueraient à me serrer le cœur inutilement. D'autres fois, il me faut reculer après avoir dit oui. Ce qui, vous en conviendrez, n'est pas recommandé.

Dire non n'est pas un crime

Dès les premiers mois de ma retraite de TVA, j'ai considéré l'idée de faire partie d'un conseil d'administration (un CA), influencée probablement par la bataille que mène mon amie, la sénatrice Céline Hervieux-Payette, qui juge qu'il faut faire plus de place aux femmes dans les CA[30].

Je pensais que mes horaires, désormais plus flexibles, me permettraient d'inscrire à mon emploi du temps la réunion mensuelle d'un CA. Évidemment, il était question d'un emploi du temps d'une retraitée normale, ce que, de toute évidence, je ne suis pas encore. Mais il faut savoir qu'être membre d'un CA consiste aussi à fouiller, à s'impliquer, à se

---

30 La sénatrice Céline Hervieux-Payette a déposé un projet de loi visant à moderniser la composition des conseils d'administration de certaines personnes morales, institutions financières et sociétés d'État mères, et notamment à y assurer une représentation équilibrée des femmes et des hommes.

compromettre, à lire, etc. Bref, à être disponible plus que le temps d'une réunion.

Au début des années 2000, Guy Fournier, qui était alors président de l'Académie canadienne du cinéma et de la télévision, m'a invitée à me joindre à son équipe comme membre du CA. J'étais alors loin de la retraite. Toutefois, il me promettait un fardeau léger. Je le croyais.

Puisqu'il était hors de question que je serve de potiche, j'ai approfondi ma connaissance des états financiers et des procès-verbaux. Ma contribution a surtout servi à trouver des commanditaires pour le gala des Gémeaux. Mon manque de disponibilité de l'époque m'a finalement obligée, après quelques années, à remettre ma démission.

En 2012, lorsque j'ai accepté un poste d'administratrice pour une cause dans le domaine de la santé, je n'avais pas prévu la somme de travail que cela exigeait. Surtout, j'étais loin de me douter que la controverse et les chicanes de pouvoir étaient au centre de la réalisation de ce projet. J'étais aussi loin de m'imaginer que l'on espérait me voir redevenir *madame J.E.* ou *madame pitbull.*

Au bout de quelques semaines, mon cœur commençait à se compresser, des symptômes de psoriasis refaisaient surface. Madame insomnie s'incrustait doucement dans mon lit sans invitation. Que se passait-il donc dans ma vie pour me faire vivre autant d'angoisses ?

Après quelques conversations avec des amis proches, et malgré mes ambitions de devenir membre d'un CA, j'ai finalement compris que mon corps et ma tête refusaient de revivre les malaises du passé. Heureusement, les conséquences de ma démission furent à peu près nulles. Oser déranger, c'est aussi avoir le courage de revenir sur ses positions.

Si j'étais demeurée au sein de ce CA, il est clair que mon attitude se serait modelée en fonction de celle des autres. L'extérieur aurait dominé. Ce qui me semble aller à l'encontre d'une saine gestion de vie. Tout part de soi. À cet effet, le yoga est très inspirant et aide à prendre le contrôle de sa propre vie. Je l'expérimente, mais trop peu souvent.

Depuis le début de ma retraite de TVA, je me considère privilégiée d'être encore sollicitée pour différentes activités : les conférences, l'animation de colloques, l'animation à la radio et les causes qui me tiennent à cœur. Ce sont toutes des occupations que j'accepte sans sentir la pression d'avoir à prouver quoi que ce soit. Cette pression indue vient souvent de l'extérieur : de l'employeur, des collègues de travail, de la famille. On se laisse influencer par les autres, on pousse la machine à outrance et, trop souvent, on craque. Je suis également persuadée que cette pression négative vient aussi de nous-même : manque de confiance en soi, insécurité, besoin d'être apprécié ou aimer. Les autres n'en demandent pas tant[31].

Parce que je suis libre de toute contrainte, je choisis les propositions qui me permettent de développer et de préserver ma sérénité. Par les conférences notamment, je communique mes intérêts, mes valeurs ; ceux et celles qui, selon moi, pourraient améliorer notre société.

Ma passion de faire les choses autrement se définit de moins en moins par le regard ou le jugement des autres. L'un des grands avantages à vieillir

---

31   Voir le chapitre «Les deuils», p. 187.

est cette capacité de savoir ce que l'on ne veut plus. Et c'est tant mieux!

Plus jeune, je voulais être partout, avec tout le monde. Je ne voulais rien manquer et rien, ou presque, ne m'échappait. Quand on est moulé ainsi, on ne se retrouve pas toujours en bonne compagnie. Trop souvent, il m'arrivait de passer des heures avec des personnes qui n'avaient rien à voir avec mes valeurs. Que de temps perdu! J'ose me féliciter aujourd'hui de me permettre de dire non.

«Cesser de s'adapter, c'est mourir[32]...»
J'étais de retour au Québec au beau milieu de l'hiver 2013, pour une dizaine de jours. Différents mandats m'amenaient à Montréal, Sorel et Val-d'Or. Ce rythme de vie me plaît au plus haut point. Cette petite saucette dans la froidure québécoise me fait apprécier encore plus ma vie floridienne. J'en profite aussi pour saluer mes amis restés emmitouflés. Aucun trou dans mon calendrier. Après des journées bien remplies à donner des conférences ou à animer des colloques, les soirées à festoyer se succèdent.

Ce samedi, jour de mon départ vers les États-Unis, je me réveille en sursaut à 4 h 30 du matin. Cauchemar! Où sont mon portefeuille et mon passeport? Je me lève à la vitesse de l'éclair. Ma main plonge dans mon sac à main à la recherche de ces précieux objets. Ai-je la berlue, mais il me semble que ce qu'on appelle les *seniors moments* se manifestent plus fréquemment en vieillissant. Hum!

Imaginez un peu mon désespoir! Perdu ou volé? J'étais dans tous mes états, sauf celui de la Floride... Mon avion décollerait sans moi, ce

---

32   Jacques Languirand, *Vivre, c'est s'adapter*, http://bit.ly/1u5KxMm.

samedi à 16 heures, vers des cieux plus cléments. J'avais mal rien que d'y penser. Pas de temps à perdre, je devais les retrouver! J'ai imploré mes anges et tous les saints. Surtout saint Antoine de Padoue : «Vieux coquin, vieux grigou, saint Antoine de Padoue, remettez-nous ce qui n'est pas à vous.» Alors, cher saint Antoine, au boulot! Je n'ai pas toute la journée.

J'ai fouillé la maison de fond en comble, passé quelques coups de fil à des personnes chez qui j'aurais pu les égarer. Les heures avançaient, et toujours rien. J'optai pour un plan B et j'appliquai à la lettre la pensée de Jacques Languirand en prenant de grandes respirations.

À mon grand désarroi, il me faudra attendre jusqu'au lundi pour obtenir un nouveau passeport.

Je m'empresse d'annuler mes diverses cartes, envolées avec les autres papiers. Perdre ses papiers, c'est aussi perdre un temps fou à tout récupérer.

Toutefois, mon niveau de stress n'était en rien comparable à celui que j'aurais eu si j'avais encore été sur le marché du travail. Je voulais repartir le plus tôt possible vers la Floride. Mais à aucun moment, il n'était question de vie ou de mort, ou de rendez-vous importants. Seuls les partenaires de tennis et de golf souffriraient de mon absence.

Lundi matin à la première heure, munie de mon nouveau billet d'avion, j'arrive au bureau du Complexe Guy-Favreau en compagnie de mon amie Céline qui me sert de répondante. La préposée au comptoir me rassure en me disant que mon passeport sera prêt pour 13 heures. Juste le temps d'offrir un bon lunch à mon amie qui le mérite amplement, et je me dirige vers l'aéroport. Assise devant l'agente, Céline toujours à mes côtés, voici qu'une

autre bombe me tombe dessus : « Votre billet d'avion
était pour hier, madame Cazin.» Je rêve ou quoi ?
Je regarde la dame, puis Céline, incrédule d'abord,
interloquée, déconcertée, décontenancée, démontée
et quoi encore !
     Vite, je téléphone à ma compagnie aérienne. L'ai-
mable représentant écoute ma complainte. Il comprend qu'il y a eu erreur et qu'il est impossible que
j'aie pu réclamer un billet d'avion pour dimanche.
Quelques secondes plus tard, je recevais mon nouveau billet d'avion par courriel, la preuve à montrer
à l'agente qui semblait aussi heureuse que Céline
et moi.
     Plusieurs morales pourraient accompagner
cette rocambolesque histoire. D'abord, des amis qui
peuvent se libérer à la dernière minute, c'est bien
plus précieux qu'un passeport. Ensuite, heureusement qu'Internet et le téléphone portable existent.
Que faisions-nous avant ces précieux outils ? Enfin,
à la retraite, le temps que l'on peut perdre, parfois,
n'a rien de comparable à la période où le travail
nous accaparait.

Déménager ou rester là ?
« Le changement est renouvellement, certes. Mais
aussi rupture. Le changement est stimulation, mais
il suppose toujours une certaine insécurité. Le changement appelle l'adaptation. Vivre, c'est s'adapter
au changement auquel on est soumis à chaque instant[33]...» Chacune de ces phrases de Languirand me
va comme un gant. Tout en m'adaptant aux changements, au printemps 2013, j'ai fait un pas de plus
dans mon désir de voyager plus léger. Mon retour

---

33   Languirand, Jacques, *Guide Ressources*, Vol. 08, N° 07, avril 1993.

au Québec pour quelques jours se voulait assez productif, non seulement dans les mandats que j'avais acceptés, mais aussi parce que je venais de mettre ma maison à vendre, bien décidée à aller vivre en condominium comme je le fais si bien tout au long de l'hiver au bout de la I-95 Sud. Mes amis proches étaient surpris de ma décision : « Tu as tellement pris soin de ton petit havre. Ça fait plus de dix ans que tu rénoves et tu vas maintenant laisser le beau et le neuf à des étrangers ? » Peu importent leurs réactions, j'avais fait mon choix.

Conserver une résidence exige de l'entretien, hiver comme été. Jouer dans le jardin quand les beaux jours reviennent et pelleter quand les tempêtes le réclament commençait à me peser lourd. Et puis, les amis sont gentils de vouloir m'aider à l'occasion, mais je ne peux ni ne veux compter sur leur présence. Ils ont aussi leur lot d'embarras.

Je réalisais aussi que ma mère, qui était une véritable femme de la terre, avait grandement contribué à l'entretien de cette superficie de 19 000 pieds carrés pendant toutes ces années où elle venait jardiner chez moi. Je ne pouvais en faire autant.

En Floride, j'apprécie tellement cette légèreté de simplement mettre la clé dans la porte lorsque je pars pour le Nord. Il me faut maintenant adopter la même décontraction afin de faciliter ma vie lorsque je pars vers le Sud. *Vivre, c'est s'adapter*, je m'adapterai donc une fois de plus, et cette fois-ci avec une connaissance toute nouvelle de la technique du *parfait petit retraité*.

En effet, au moment même où je mettais ma maison à vendre, le hasard, s'il en est un, m'offrait l'opportunité d'animer un colloque sur l'habitation chez les 55 ans et plus, organisé par l'Observatoire Vieillissement et Société[34]. La question que posaient les organisateurs interpellait, de prime abord, les 65 ans et plus : «Où vivre? Les formules d'habitation pour aînés, en pleine évolution.»

«... C'est bien trop grand un huit et demi
Depuis qu'y a des enfants d'partis
Quand on a des pièces à rien faire
On vient qu'on se sent étrangère
J'sais pas si j'vas déménager ou rester là[35]...»

À soixante-deux ans, je refusais encore de me placer dans cette catégorie que l'on nomme les aînés. Je pouvais quand même m'approprier cette question, qui ne pouvait arriver à un meilleur moment dans ma vie. Non seulement j'animais ce colloque avec toute l'expérience et la passion que je possédais, mais dans ce cas bien précis, j'étais totalement juge et partie. Je buvais chacun des mots des panellistes. Sans aucune gêne, c'est ainsi que j'ai fait ma présentation d'ouverture :

«Bonjour et bienvenue... C'est une excellente idée qu'ont eu les gens de l'Observatoire Vieillissement et Société de mettre sur pied ce colloque sur l'habitation dans le cadre de son 10e anniversaire... Vous avez devant vous le modèle parfait de la personne qui, éventuellement, voudra se trouver une habitation sans casse-tête. Je suis le prototype de la baby-boomer.

«J'ai une maison au Québec et un condo en Floride. Plus j'avance en âge, plus je veux me faciliter

---

34 http://www.ovs-oas.org.
35 *Déménager ou rester là*, chanson de Pauline Julien, paroles de Réjean Ducharme et musique de Robert Charlebois.

la vie. Vendre ma maison et aller en condo peut être une solution intéressante.

«Croyez-le ou non, depuis que je baigne dans la préparation de ce colloque, l'idée m'est venue de regarder du côté de certaines résidences pour les 55 ans et plus. Je dois vous avouer que le terme *résidence* me rebute un peu. C'est comme si c'était le dernier lieu avant de me retrouver dans la petite boîte de 3 pieds par 6 pieds.

«Ce premier tour de table est tout à fait indiqué pour quiconque se demande où vivre. Le marché évolue-t-il en fonction de cette nouvelle génération de baby-boomers plus autonome et plus active?»

C'était MA question. Les participants et moi avons reçu une multitude de réponses, ainsi que des choix de plus en plus ancrés dans le XXIe siècle. Un conseiller en habitation m'a même pratiquement séduite lorsqu'il m'a présenté son organisme spécialisé dans les résidences pour personnes âgées autonomes.

Par ce colloque, j'entrais dans un monde qui m'était jusque-là inconnu. Le message me semblait toutefois ambigu: les experts s'adressaient directement aux personnes préretraitées ou retraitées. Ils disaient s'occuper de trouver le centre qui conviendrait le mieux... Je veux bien me retrouver dans un complexe où tous les services sont offerts, y compris les soins médicaux et pharmaceutiques, mais ma fierté m'empêchait d'accepter le terme *centre*.

Pas simple lorsqu'on se heurte aux mots qui se rapprochent de la vieillesse. Quoi qu'il en soit, j'ai profité de leurs exposés pour explorer mes propres besoins. Du même coup, j'ai appris que la majorité des gens consacraient une moyenne de 140 heures à la recherche d'une habitation ou d'une résidence pour aînés.

Je ne voulais pas consacrer tout ce temps à la découverte d'un futur logis. Toutefois, mon côté naturellement impulsif s'est effacé devant ma nouvelle nature plus patiente, plus nuancée. C'est tout de même un investissement important que celui de l'immobilier. J'étais donc à l'écoute des conseils d'experts qui défilaient devant nous tout au long de cette journée.

«Plusieurs éléments doivent être considérés», disaient-ils. Est-ce que je désirais demeurer dans la même région? Il m'est souvent arrivé de penser que je voulais me rapprocher de la ville. De plus, le type d'habitation recherché n'était plus aussi clair que je le croyais avant d'entendre les différents panellistes et conférenciers.

La génération des baby-boomers bouleverse le milieu de l'immobilier. En 2013, les personnes nées entre 1946 et 1960 représentaient 42 % du poids démographique québécois. D'ici 2031, le Québec abritera plus de deux millions d'hommes et de femmes âgés de soixante-cinq ans et plus[36]. Ces statistiques commencent à peser lourd dans la balance. De par le nombre et par notre contribution des trente dernières années, nous devenons en quelque sorte les dieux du monde, un groupe assez homogène, anciens anticonformistes dont les relents d'idéalisme flottent encore.

Admettons-le, nous avons tout bouleversé sur notre passage. Et ça continue. Nous sommes pour la plupart des retraités non retirés. Pas question de nous faire imposer un style d'habitation. Nous

---

36 www.ovs-oas.org.

apprécions donc la multitude de choix qui se dessine à l'horizon.

Il était temps de penser à d'autres solutions. Le spectre de la maison de retraite conventionnelle a même inspiré un scénario de film tout à fait suave, *Et si on vivait tous ensemble ?*, qui relançait l'idée de vivre en communauté lorsque nous serions devenus « vieux ».

Je me souviens, dans la quarantaine avancée, lors de soirées bien arrosées avec les amis, nous parlions déjà d'acheter un domaine dans lequel chacun aurait ses appartements et où il serait formidable de se retrouver dans des lieux communs.

Infirmière, massothérapeute, ménagère, etc. combleraient nos désirs et nos besoins. Holà les amis ! Nous y sommes. Encore faut-il que les amis soient encore présents…

Les complexes de cohabitation de style floridiens, avec services, font aussi leur chemin. La maison multigénérationnelle plaît également aux familles unies. J'entends une petite voix me dire : « Jocelyne, n'y pense même pas, toi qui t'es concentrée sur ta vie professionnelle et si peu sur la vie familiale. »

Finalement, moi qui songeais à me rapprocher de la ville, j'ai compris que la campagne convenait mieux à mon style de vie. C'était déjà ça de gagné. Il me fallait trouver une copropriété dans un complexe sécuritaire, avec comme principale exigence – et je n'en démordais pas – une piscine suffisamment grande pour faire mes longueurs chaque jour. Cette exigence présentait un défi de taille pour un courtier.

La proximité des hôpitaux et des centres commerciaux m'importait peu. D'autres activités physiques comme un centre sportif, un terrain de tennis, une vie communautaire seraient un plus, mais je n'en ferais pas une maladie.

Un an après avoir déménagé, je m'accommode très bien de mon nouveau condo, à huit minutes de mon terrain de golf préféré. Aurais-je trouvé mieux si j'avais accordé 140 heures à la recherche du condo idéal?

Où sont les hommes?

À ce colloque, j'ai pris connaissance d'une autre donnée qui bouscule les rapports humains: selon les experts entendus, ce sont des femmes dans une proportion de 75% qui frappent aux portes des résidences ou des complexes des 55 ans et plus[37]. Je suis donc une cible idéale pour ce type de complexe. Mais avec si peu d'hommes, et comme d'autres femmes qui espèrent trouver l'âme sœur, je dois peut-être chercher ailleurs afin de vivre de belles années bien accompagnée dans ce dernier sprint.

Moi qui suis passionnée, battante et fonceuse, je souhaite continuer de gérer ma vie de retraitée active en apprenant à me faire confiance. « On a les défauts de nos qualités », a écrit un jour le journaliste et écrivain anglais Herbert George Wells. Depuis le début de mes recherches, cette confiance est toutefois ébranlée dans mes relations avec les hommes. Mon côté Yang, symbole chinois, semble leur faire peur. Il m'en faudrait un qui laisse vivre son côté Yin, le côté féminin de la symbolique. Et ainsi, nous flotterions sur des nuages roses jusqu'à la fin de nos jours...

Plus sérieusement, c'est hallucinant de voir le nombre de femmes exprimer cette déception, ce

---

37 www.ovs-oas.org.

désarroi même, face aux hommes. Plus on avance en âge, plus Vénus et Mars[38] semblent être aux antipodes de la Voie lactée. Encore une fois, je n'ai rien d'une spécialiste, mais il semble qu'au tournant de la cinquantaine, le mot «compromis» se fait plus rare dans le langage de celui ou celle qui cherche une bonne compagnie. Admettez que cela démarre mal une relation lorsque l'un des deux annonce qu'il ne changera rien dans son mode de vie!

* * *

Il existe une grande certitude sur terre: nous allons tous mourir un jour. Mais tant que la vie m'est prêtée, j'aspire à la vivre pleinement et le plus sereinement possible. Chaque jour, je m'applique à devenir une meilleure personne dans tous les domaines que j'ose fréquenter. La rancune ne fait pas partie de mes bagages. J'apprends de mes erreurs et je continue ma quête spirituelle.

Je n'adhère à aucun dogme précis; je cueille çà et là des valeurs qui renforcent les miennes. Je ne renonce à rien parce que je suis une sexagénaire! Mon corps suit encore totalement mes caprices, mes envies, mes folies, et j'en suis fort aise.

La vieillesse ne me rôde pas encore autour.

En 2014, le caissier d'un magasin Target m'a grandement amusée lorsqu'il m'a réclamé une carte d'identité pour s'assurer que j'avais bel et bien la majorité pour acheter quelques bouteilles de boissons alcoolisées. C'est vrai que je ne fais pas mon âge! Non mais, vraiment!

---

38   Gray, John, *Les hommes viennent de Mars, les femmes viennent de Vénus*, Paris, Michel Lafon, 1999.

Il faut croire que je suis en quelque sorte une retraitée *flyée*[39].

---

39   http://lesretraitesflyes.ca/page/2/.

Benevolus : que la bonne volonté t'accompagne !

« La mosaïque humaine permet
d'offrir une multitude de bénévoles,
des gens de bonne volonté. »

Est-ce moi qui ai pensé ça ?

L'âme missionnaire

Enfant, de multiples rêves traînaient dans ma tête, dont celui de devenir missionnaire. Je refusais la misère du monde. J'aurais voulu imiter la Mafalda de Quino et entourer la Terre d'un cache-col *pour soigner le monde malade*. J'étais enfant unique, mais le désir de donner aux autres me satisfaisait plus que de tout garder pour moi. Je volais mes propres vêtements pour les donner à une copine de classe issue d'une des familles les plus pauvres de Saint-Sauveur.

Bien sûr, j'ai grandi et j'ai compris : ne devient pas bénévole qui veut. Première étape : entreprendre une réflexion sur les motivations qui nous poussent à nous engager dans telle ou telle cause. Voici les miennes.

Double objectif

Il y a de ces matins où l'oisiveté prend le dessus et où la bonne volonté est en panne! Mais ce jour-là, ça tombait plutôt mal. J'avais promis d'être présente à un cocktail au profit de la sclérose en plaques (la SP). Impossible de m'y soustraire; par respect pour cette cause qui me tient tant à cœur et pour laquelle je suis ambassadrice depuis 2003 et, à ce titre, donneuse de coups de pouce. Par respect aussi pour mes quatre amies atteintes de cette maladie.

C'est aussi en pensant à Colin, le fils d'un ami, âgé de treize ans, que je m'interdis de ne pas participer à l'événement. Lorsque je lui ai parlé d'une balade en hélicoptère offerte par les organisateurs pour nous rendre à destination, cela l'a convaincu assez facilement de m'accompagner à cette activité de financement.

Chaque occasion qui m'est donnée de pouvoir faire une petite différence dans la vie d'un plus jeune me motive à poursuivre. Lire l'éblouissement dans les yeux de Colin dès l'arrivée de la machine volante, le voir l'embrasser du regard à son entrée, euphorique, dans le ventre de l'aéronef, et entendre enfin résonner sa joie dans toute la cabine: Colin au septième ciel avant même d'avoir quitté terre... jamais je n'aurais voulu manquer ça!

Arrivée au cocktail dînatoire organisé par la brave Lynda Archambault, elle-même atteinte de la maladie, j'avais hâte de voir les réactions de mon petit bonhomme revenu sur terre. Ce sont des occasions comme celles-là qui donnent le goût ou sèment l'ambition de faire de belles et grandes choses dans la vie. Treize ans, c'est l'âge idéal pour réaliser tout ce qui se passe autour de soi. Qui sait? Colin deviendra peut-être pilote d'hélicoptère, travailleur social, médecin, journaliste? Et peut-être bénévole!

Pour la bonne cause, pas facile de dire non
Dès le début de ma retraite, je coloriais de rouge toutes les cases de mon agenda réservées aux bonnes causes. Mes amis en étaient tout étourdis. Mais j'en faisais trop et, un jour, il a bien fallu que je fasse des choix en fonction de mes valeurs, de mes intérêts, de mes désirs, de mes capacités et de mes disponibilités.

La SP demeure, pour moi, un incontournable. En 2003, trois de mes amies étaient déjà atteintes de la maladie lorsqu'on m'a sollicitée pour devenir porte-parole du Défi golf SP, un marathon de cent trous de golf en une seule journée. On savait que j'aimais le golf, alors pourquoi ne pas lier plaisir et bienveillance? Bien sûr, le bénévolat exige quelques efforts. Mais le plaisir, quel qu'il soit, ne s'accompagne-t-il pas toujours d'un petit effort?

Qui a dit que le bénévolat devait se transformer en séance de masochisme? Il est aussi vrai que le vrai bénévolat n'a rien d'égoïste.

Pourquoi elle?
Le 31 décembre 2010, je reçois un coup de téléphone d'Édith Hammond, mon amie, ancienne recherchiste, qui m'assomme avec son coup de fil : « Tu sais, toutes les entrevues que je planifiais pour parler de ta cause, la sclérose en plaques (pour l'émission *Dans la mire.com*, à TVA)? Eh bien… Jocelyne, j'ai reçu moi aussi ce diagnostic. »

Incrédulité. État de choc. Je devais me ressaisir. Après tout, c'est Édith la pire. Malheureusement, cette fois, les statistiques étaient fiables : l'âge moyen de l'apparition de la maladie se situe à trente ans; et c'est à trente-deux ans qu'Édith a appris qu'elle devra vivre dorénavant avec cette affection encore incurable, mais où l'espoir est désormais possible. Ce n'est pas une raison pour foutre cette maudite maladie dans les pattes d'Édith!

Depuis sept ans, je m'impliquais pour la SP. Aussi avais-je la ferme intention de me faire plus discrète dans l'organisation de ce marathon en laissant la place de porte-parole à quelqu'un d'autre. C'était sans compter le diagnostic d'Édith. Je suis revenue sur ma décision. Je continuerai pour Édith, et pour mes trois autres amies.

Chaque golfeur a sa propre motivation de vouloir relever le défi de jouer cent trous de golf en une journée. Rémi, le frère d'Édith, un bon golfeur, a trouvé les fonds nécessaires pour croiser le bâton avec moi durant le marathon aux cent trous de golf. Édith était la *caddy* attitrée. Imaginez! Elle est restée dans la voiturette presque toute la journée à *chatter* sur son téléphone intelligent... Ah, on ne s'est pas ennuyés tous les trois!

La plupart des soixante-dix personnes qui abîment le terrain pendant près de dix heures croient fermement que leur contribution pourra changer les choses. Sinon, quel intérêt? S'éreinter à dépasser ses limites suscite quand même la fierté d'avoir accompli un geste qui s'éloigne de la banalité.

Un jour, le journaliste Benoît Dutrizac m'a passé une commande pour le moins amusante et singulière. Il s'agissait d'écrire un article pour le magazine *Châtelaine*, dont le sujet était: «Le golf est-il meilleur que le sexe[40]?» Après mûre réflexion, j'ai

40 http://bit.ly/1zSO7Ll.

accepté ce mandat pour la bonne cause. J'espérais ainsi pouvoir attirer d'autres golfeurs à venir vivre l'expérience du marathon de golf. Mon objectif ultime visait un public qui pourrait avoir envie de contribuer soit en participant au défi, soit en aidant financièrement.

« L'action des bénévoles est généreuse, noble. La plupart du temps, elle est également silencieuse, car les bénévoles sont très souvent des travailleurs de l'ombre[41].» Ce qui n'est pas le cas des personnalités publiques sollicitées pour donner un coup de pouce à toutes les bonnes causes de la terre. Pour sortir de l'ombre, une fondation ou un organisme à but non lucratif doit avoir recours à des moyens de plus en plus spectaculaires pour que sonne la caisse enregistreuse. Avouons-le, certaines causes sont moins populaires que d'autres, et l'argent se fait rare. Le bénévolat réclame par conséquent une grande générosité, surtout dans les causes plus lourdes, moins sympathiques. La difficulté à recruter que rencontrent les organisateurs leur provoque bien des maux de tête. Je lève mon chapeau aux organismes qui soutiennent des maladies comme la schizophrénie, le lupus, le cancer colorectal ou même celui de la prostate. Des maladies pas très séduisantes, on en conviendra. Leurs bénévoles doivent travailler intensément pour amasser les fonds nécessaires à la recherche ou à la prévention de la maladie. À chacune de mes interventions et chacun de mes déplacements à travers le Québec, j'entends de plus en plus d'appels au secours. *Cherchons bénévoles désespérément*. Encore plus quand la cause est moins attrayante. On se tourne donc

---

41 http://bit.ly/1qnZqcf.

vers des « vedettes » en espérant qu'elles feront la différence.

Ne le prenez pas méchamment, mais il est évident que les artistes deviennent en quelque sorte des appâts pour les organisations. Toutefois, ils y trouvent aussi leur compte en se sentant utiles et aimés. La notoriété d'une personnalité publique n'est jamais à dédaigner. Ainsi, oser solliciter une idole profite à chacun.

Des porte-parole authentiques, crédibles, intègres et convaincus

Servir de porte-parole de manière dévouée à une cause mérite qu'on s'y attarde de plus près.

Plusieurs personnalités s'impliquent pour des raisons qui leur sont propres : Céline Dion est associée à la fibrose kystique depuis 1982 – sa nièce Karine en est morte en 1993 –, et Pierre Bruneau est le porte-étendard de la Fondation Centre de cancérologie Charles Bruneau depuis que son fils est décédé des suites de la leucémie.

Je lisais une entrevue de France Labelle, directrice générale du Refuge des Jeunes de Montréal, au *Huffington Post Québec*, dans laquelle elle annonçait que son organisme serait en sérieuses difficultés s'il n'y avait pas le *Show du Refuge* organisé par Dan Bigras pour contrer l'itinérance chez les jeunes. C'est tout de même 25 % de la source du financement annuel du Refuge des Jeunes de Montréal[42].

Ces célébrités, qui ont un lien direct avec la maladie, rapportent des millions de dollars à leur fondation, en plus de leur offrir une visibilité exceptionnelle.

---

42   http://huff.to/1vuF4lX.

Des incontournables

L'organisme Le Chaînon, longtemps parrainé par Yvon Deschamps et Judy Richards, vient en aide aux femmes en difficulté depuis 1932. Lorsque ses célèbres porte-parole ont annoncé leur départ, il a dû faire preuve de beaucoup d'imagination.

Ainsi, en 2013, c'est à titre de présidente d'honneur que l'on m'a invitée au tournoi de golf du Chaînon. Mon amour pour le golf et les rencontres que j'y fais m'offrent des tournois pratiquement sur un plateau d'argent. La particularité de cet événement est son encan. Un véritable *happening* ! Pourtant, les encans foisonnent dans les tournois philanthropiques. Mais celui du Chaînon se démarque en mettant ses artistes aux enchères ; les généreux invités complètent leur quatuor de golf en « achetant » leur vedette préférée. Plus vite ils gagnent leur mise, plus grand est leur choix de personnalités publiques.

Il est amusant de voir la réaction des trente-six artistes invités lorsque la « transaction » est finalisée. Certains peuvent valoir jusqu'à dix mille dollars ! Une façon sympathique et originale d'amasser des fonds pour cette maison. Et c'est sans compter le plaisir fou que j'ai eu à jouer au commissaire-priseur avec le comédien JiCi Lauzon. Plaisir décuplé ensuite, lorsque nous avons inscrit le montant record de cent vingt mille dollars amassés en une seule journée. Cette somme fera assurément une différence pour les quelque six mille femmes que le Chaînon aide chaque année.

Heureusement que ces maisons existent. Il y en a près d'une centaine au Québec et elles ont certainement contribué à faire diminuer le nombre de victimes.

* * *

En 2011, la Maison Simonne-Monet-Chartrand[43] célébrait son vingt-septième anniversaire. À ce moment-là, savoir que dix enfants avaient été tués par un parent depuis le début de l'année m'avait facilement convaincue que je devais apporter ma petite contribution. Je ne pouvais dire non à cette cause. J'admets que le nom de cette admirable militante québécoise y avait été pour quelque chose. Ma grande préoccupation à l'égard de la violence faite aux femmes et aux enfants m'obligeait à m'impliquer comme présidente d'honneur de leur événement.

Tous ces actes violents me glacent le sang; des filles qui règlent leurs conflits par les poings et les injures, comme des femmes qui sont victimes de crimes d'honneur que certains intégristes religieux rapportent dans leurs valises, se retrouvent de plus en plus dans les maisons d'hébergement pour femmes. Cette violence m'inquiète. Elle n'a pas de visage précis. Elle se présente sous différentes formes et éclate par toutes sortes de moyens.

C'est pourquoi il est rassurant de voir des personnalités publiques encourager ces maisons à poursuivre leur mission d'hébergement et de revalorisation. Je suis fière de faire partie de la solution. En 2014, je n'ai pas su refuser l'invitation d'agir une fois de plus comme présidente d'honneur, cette fois pour le trentième anniversaire de la Maison. Le thème me rejoignait d'ailleurs totalement : « Être

---

43   La Maison Simonne-Monet-Chartrand (MSMC) offre aux femmes victimes de violence ainsi qu'à leurs enfants un hébergement sécuritaire et propice à la réflexion. Ce lieu d'échange est conçu pour permettre aux femmes de faire le point et de voir clair dans leur situation personnelle et familiale.

de mieux en mieux avec soi pour l'être avec les autres. »

Être dans le bénévolat, c'est Être

Le téléphone s'est mis à sonner au début des années 1990 alors que j'étais présentatrice des nouvelles à l'émission *Salut, Bonjour !*. Pas besoin de vous dire que ça ne dérougissait plus lorsque Gaétan Girouard et moi avons pris du poids médiatique avec l'émission d'affaires publiques *J.E.* : fondations, centres d'aide aux femmes, aux jeunes, aux vieux, aux aveugles, etc. Chacune de ces organisations souhaitait nous voir devenir leur porte-parole, conférencier(ère) ou président(e) d'honneur.

Les demandes vont *de facto* avec le degré de popularité. C'est comme ça ! Des dizaines de fondations frappaient à notre porte et toutes avaient de bonnes raisons de le faire.

Gaétan s'était impliqué à la Fondation Mira bien avant qu'il ne soit connu. Mais on peut affirmer que la notoriété de l'organisme a crû en même temps que celle de mon collègue. Il m'avait facilement entraînée dans une des folles activités de Mira : le Défi-Vision, à l'autodrome de Granby. Nous servions de copilote à une personne aveugle qui tenait le volant dans une course de stock-cars. Quelle superbe expérience ! Frissons garantis. Même le fondateur de Mira, Éric St-Pierre, aime dire que l'implication exceptionnelle de Gaétan a fortement contribué à sortir de l'anonymat l'organisme qui, en 2014, compte plus de mille chiens en circulation et en entraîne en moyenne deux cents par année. Dès nos premières rencontres, j'ai eu un coup de cœur particulier pour Éric St-Pierre et Jean Royer, fondateurs du Défi-Vision de Mira.

L'argent, le nerf de la guerre, s'amasse plus aisément lorsqu'un Gaétan Girouard pour Mira, un Yvon Deschamps pour Le Chaînon, un Dan Bigras pour le Refuge des jeunes ou un Jasmin Roy contre l'intimidation, et combien d'autres encore, s'associent au maillon de la chaîne sociétale pour en développer le mieux-être.

Il est évident que sans l'implication de tous ces porte-parole d'exception, des dizaines de causes humanitaires disparaîtraient du radar. Certains grands penseurs affirment aussi que le bénévolat assure la qualité de la démocratie d'un pays. Ils n'ont pas tort. En ce sens, le Canada est probablement parmi les meilleurs exemples de démocratie au monde : en 2010, plus de 47 % des Canadiens (soit plus de douze millions) avaient le mot *bénévole* tatoué sur eux et donnaient à diverses causes plus de deux milliards d'heures de leur temps[44]. S'ils étaient sur le marché du travail pour les mêmes fonctions, cela représenterait plus d'un million d'emplois à temps plein, rémunérés.

De très grosses institutions fonctionnent grâce au bénévolat. Essayez de monter une activité sans bénévoles, vous allez voir que ça coûte cher !

Le Québec, reconnu pour son manque de générosité, a tout de même plus de deux millions de personnes qui occupent trois cent quatre-vingt-cinq millions d'heures de leur temps dans du bénévolat[45].

Quelques bémols : où va mon argent ?
Malheureusement, de vils individus et certaines institutions abusent de la générosité des bonnes âmes.

---

44 http://bit.ly/1vuFjh0.
45 http://www.rabq.ca.

J'étais aussi outrée que l'animateur Paul Arcand, un matin de novembre 2013, lorsque je l'ai entendu dénoncer l'utilisation de l'argent de la Fondation du Centre hospitalier universitaire de Montréal (CHUM) pour bonifier le salaire du directeur général Christian Paire. Prime au rendement illégale, salaire versé en trop, bonus inapproprié, la liste des exagérations déposée par le Vérificateur général du Québec[46] n'en finit plus de nous indigner.

On veut bien payer nos administrateurs, mais certainement pas par l'entremise d'une fondation qui prend une partie des sommes recueillies pour graisser la patte d'un dirigeant !

Aussi, j'ai été ahurie d'apprendre que certains artistes réclament des cachets, souvent extravagants, pour devenir porte-parole d'une cause humanitaire. Si on me disait que la fondation à laquelle je souscris paye des honoraires à son porte-parole, je ne manquerais pas de m'en offusquer et de dénoncer cette hérésie. Malheureusement, peu de gens osent protester publiquement. On ferme les yeux en prétendant que ça ne changera rien.

Pas la langue dans sa poche

En juin 2012, une chronique assassine de l'économiste Léo-Paul Lauzon nous secouait un peu les puces et nous faisait voir une réalité pas toujours reluisante : « Et il y a eu aussi des orthopédistes qui, en 2010, se sont rendus en Haïti faire du "bénévolat" afin d'aider les gens miséreux de ce pays à affronter un énième cataclysme. Et en revenant de leur bref séjour en Haïti, les orthopédistes ont demandé à

---

46   http://bit.ly/1qbZAVj.

Québec d'être payés à leur plein tarif (27 janvier 2010). Ils ont dit, sans rire, tout en se payant votre tête : "Ces honoraires ne sont pas une diminution de la qualité de notre 'bénévolat' mais bien plutôt une reconnaissance[47]." »

S'il est vrai que les choses se sont passées ainsi, il nous est permis de faire une montée de lait et d'exprimer notre dissidence à l'égard de certaines exagérations « bénévolesques ».

Fréquemment, on m'envoie des données sur la masse salariale des organismes de bienfaisance en précisant que tous ces salaires excluent les avantages sociaux, les dépenses et autres. Ces chiffres, tout aussi étourdissants qu'étonnants, choquent les donateurs trop souvent sollicités :

Centraide Montréal :
- 95 employés
- 8,4 millions en salaires
- 2 directeurs gagnent de 160 000 à 200 000 $ par année

Moisson Montréal :
- 32 employés
- 1,8 million en salaires
- le directeur gagne 120 000 $ par année

Club des petits déjeuners du Québec :
- 62 employés
- 2,6 millions en salaires
- 8 employés gagnent entre 80 000 et 120 000 $ par an

---

47   http://bit.ly/1vUUvBh.

Fondation David Suzuki:
- 57 employés
- 4,4 millions en salaires
- le directeur gagne 250 000 $ par an

Oxfam Québec:
- 129 employés
- 6,3 millions en salaires
- le directeur gagne 200 000 $ par an

Vision mondiale Canada:
- 492 employés
- 41 600 000 $ en salaires[48]

On peut faire dire ce que l'on veut aux chiffres, tout dépend de quel côté de la clôture on se situe. Je peux tout de même comprendre la frustration de tous ces généreux bienfaiteurs, surtout les salariés qui triment dur et qui croient que le bénévolat est une bénédiction pour notre société. Il ne faudrait pas les décourager, nous avons besoin d'eux. Nous devons rester vigilant et dénoncer chaque abus.

Un directeur général peut bien toucher entre 120 000 et 200 000 dollars par année et on peut aisément s'en scandaliser. Cessons toutefois ces aboiements et regardons de plus près le fonctionnement de ces organismes à but non lucratif qui, normalement, suivent des règles strictes et sont scrutés à la loupe par les membres de leur CA, qui doivent être des gens responsables!

À la Société canadienne de la sclérose en plaques, comme dans les autres organismes, ce sont des bénévoles du CA qui décident des salaires des employés

---

48   Liste des organismes de bienfaisance: http://bit.ly/VVWGrh.

permanents, déterminés selon le marché de l'emploi et les compétences requises pour faire tourner les fondations. Les bonnes fondations présentent des frais d'administration qui varient entre 5 et 10%. À la SP, en 2012, au Québec, les frais étaient de 6%.

De nos jours, si quelqu'un ne comprend pas, ou s'entête à penser, que les organisations philanthropiques ne sont gérées que par des bénévoles, il faudrait les sortir de leur grande ignorance. Ça presse!

Généreux dans l'adversité

En juillet 2013, comme tout le monde au Québec, j'aurais voulu me transporter dans les Cantons-de-l'Est pour faire ma petite part. La municipalité de Lac-Mégantic venait de vivre une effroyable tragédie ferroviaire où la moitié de la ville et ses habitants étaient soufflés par un train fou, fauchant la vie de quarante-sept personnes. La Croix-Rouge a immédiatement mis sur pied un fonds spécial pour aider les sinistrés. Résultat : un mois après le désastre, plus de dix millions de dollars avaient été amassés.

De nombreux artistes se sont réunis et ont présenté bénévolement plusieurs spectacles. À Montréal, on a offert la totale au Centre Bell. Les organisateurs de l'événement savaient qui aller chercher pour viser juste.

Gino Chouinard, originaire de la région, a fait ses premières armes comme animateur alors qu'il étudiait à la Polyvalente Montignac de Lac-Mégantic. Ce n'est pas le professionnel qui parlait ce soir-là au Centre Bell, m'a-t-il admis, mais le petit gars de la place qui comptait certainement dans son carnet de souvenirs des connaissances parmi les victimes de la tragédie du 6 juillet.

Plus d'une quinzaine d'artistes se sont retrouvés pour la même cause, mais la reconnaissance des dix mille spectateurs et les applaudissements nourris toute la soirée valaient assurément ces quelques heures de bénévolat.

Même les employés du Centre Bell ont contribué à l'événement en offrant leur salaire de la soirée. On peut penser qu'ils ont reçu de nombreuses tapes dans le dos après que Gino eut annoncé qu'ils donnaient de leur temps à la cause. « Je n'oublierai pas de sitôt ces bons moments, c'était un sentiment de communion, une sensation étonnante, un partage profond. En même temps, c'était bon enfant, vraiment un *mood* unique[49] », a-t-il exprimé au lendemain de cette soirée magique.

Le bénévolat vient avec la passion ou l'amour que l'on peut avoir à l'égard des humains ou d'une cause. Par ces bonnes actions, des chaînes se forment. Encore une fois, on peut bien dire que les Québécois sont chiches, mais toutes les tragédies vécues ces dernières années ont fait la démonstration qu'*ensemble on peut tout vaincre.*

De la mère à la mort, de la mort à la vie

On ne peut pas vaincre la mort, mais il est impératif de la rendre le plus confortable possible, surtout si elle se donne le temps de s'exprimer.

En janvier 2012, ma mère vivait ses derniers mois lorsque deux hommes d'affaires de la région de Saint-Jérôme, Claude Beaulieu et Bernard Casavant, m'ont proposé de devenir l'ambassadrice de la campagne de financement de la

---

49 http://bit.ly/1qNpbUy.

Maison de soins palliatifs de la Rivière-du-Nord[50].
Était-ce un hasard ? Plus tard, ils me diront que
oui.

Claude Beaulieu m'avait vue animer le gala d'ouverture de la nouvelle salle de spectacle de l'École
secondaire Augustin-Norbert-Morin de Sainte-
Adèle quelques mois plus tôt et, semble-t-il, était
tombé sous le charme.

C'est sur un terrain de golf en Floride que les
deux hommes m'ont conquise. J'avais accepté l'invitation de Claude à jouer au golf sans savoir ce qui
m'attendait réellement.

Je ne le connaissais pas. Était-ce une tentative
de conquête de la part d'un gentleman ? Mal m'en a
pris d'avoir eu cette pensée légère. Tout est devenu
plus clair lorsque Claude m'a accueillie en compagnie de Bernard... et de leurs épouses.

Tous deux mécènes de la Maison depuis ses
débuts, ou presque, avaient une conquête à faire,
mais ce n'était pas celle de mes rêves les plus fous.
Ils cherchaient une approche accrocheuse pour
lancer la campagne de financement de 2012-2016, et
j'étais celle-là. Mes origines laurentiennes, ma notoriété et ma facilité à communiquer le leur confir-
maient, selon eux.

Les deux hommes ont été abasourdis d'apprendre que ma mère n'en avait plus pour longtemps. Ma compréhension du sujet n'en était que
plus crédible pour eux. Les derniers mois avec ma
mère malade, jusqu'à son dernier souffle, m'ont
permis de comprendre l'importance de bien accompagner quelqu'un jusqu'à la fin, dans le respect,
dans la dignité et aussi dans la compassion.

---

50 http://bit.ly/VTrJ7u.

J'ai compris alors combien la Maison de soins palliatifs de la Rivière-du-Nord était devenue essentielle dans la prestation des soins de fin de vie. Mais elle devait faire face à un problème majeur : elle ne comptait que neuf chambres pour une population de plus en plus nombreuse et vieillissante. Cette campagne de financement servirait à construire trois chambres supplémentaires. L'opération séduction s'est achevée devant un bon repas. Je leur ai fait part de mes craintes, de mon manque de disponibilité et de mon implication dans plusieurs causes, dont la sclérose en plaques depuis près de dix ans.

Conflit d'horaire annoncé ? Bernard et Claude savaient tout cela. J'avais affaire à deux fins renards. Ils avaient vu neiger et leur invitation ne m'autorisait aucun refus.

Le rôle d'ambassadrice se veut relativement facile et agréable m'ont-ils fredonné en chœur : soupers-bénéfices, rencontres, poignées de main, prises de photos et promotion dans différents médias. Le dur labeur appartient surtout aux bénévoles qui doivent frapper aux portes pour aller chercher les fonds nécessaires.

C'est vrai. Lorsque je participe à un souper spaghetti ou à une épluchette de blé d'Inde où m'attendent quelques centaines de convives, humblement, je vois bien l'étincelle dans les yeux de ces gens qui ont connu « la madame de la télé, ou madame *J.E.* ». J'admire aussi tout le travail et toute la préparation qu'implique une telle activité. Ces gens doivent vendre du blé d'Inde, des hot-dogs et des spaghettis pour aller chercher quelques milliers de dollars !

Ce qui me rassure et probablement vous aussi, c'est de constater que le bénévolat contribue à maintenir une meilleure santé mentale et physique. Je n'invente rien. Quand on fait du bénévolat, les risques de tomber en dépression diminuent et les chances de vivre plus longtemps augmentent[51]. Pas besoin de longues études pour saisir que donner procure de grandes satisfactions, y compris celle de nous garder en bonne santé, ou encore de la retrouver. Je peux vous affirmer que chacune de mes activités bénévoles m'éloigne de mes déprimes passagères.

Réaction, action
En août 2013, une entrevue à la radio me va droit au cœur. Corinne Chevarier et Stéphane Despatie parlent du *Défi Ironman de l'espoir* qu'ils ont entrepris de relever pour le fils de Stéphane atteint d'un cancer. Ils voulaient, disaient-ils, « se placer au même niveau que le jeune homme de vingt ans qui, lui, hésitait à vouloir entreprendre le marathon de sa vie ». Passer à l'action, c'est souvent réagir au négatif qui touche nos vies.

En plus de ce cancer, deux tumeurs au cœur ont brisé le peu d'espoir qu'avait Félix-Antoine de survivre à cette injustice. Près de quarante traitements de chimiothérapie plus tard, même les médecins semblaient capituler devant l'assassin en puissance.

Déjà en forme, ces adeptes de la course à pied, père et belle-mère désespérés, firent un pacte : la guérison du garçon en échange d'une participation à un *Ironman*. On peut bien faire toutes les promesses,

---

51   http://bit.ly/1CaIE6B.

celle-ci était lourde de sacrifices et d'entraînement. Savez-vous ce qu'ils avaient à répondre ? « Rien de comparable au défi de Félix-Antoine. »

Ce dépassement de soi suscite chez moi plus que de l'admiration : des humains qui arrivent à parcourir sans interruption 3,8 km de natation, 180 km de vélo et 42,2 km de course à pied me fascinent. Encore plus lorsqu'il est question de survie. Seules la passion, la détermination et la foi soulèvent des montagnes, comme on dit. On croira ce que l'on voudra, mais ce couple a remis les pendules à l'heure à une médecine parfois limitée dans sa science.

Le fils s'est accroché aux efforts des parents, il s'est sauvé la vie en participant à son propre *Ironman* : radiothérapies à répétition, discipline de fer et encouragements multiples ont fini par tuer le mal qui s'était installé dans ce corps trop jeune pour mourir.

Préparer son avenir dans le bénévolat
Après mes études à l'Académie nationale des annonceurs, au début des années 1970, j'ai fait d'une pierre deux coups. À l'époque, j'étais monitrice de ski. Je me suis servi de cette expertise pour créer une émission de ski que j'ai offert bénévolement à l'ancêtre de Vidéotron, National Cablevision de Montréal.

J'étais à la fois réalisatrice et recherchiste, et j'animais durant trente minutes cette émission que j'avais intitulée *Informa-Ski*. Je quêtais même mes vêtements de ski auprès de boutiques afin d'offrir une plus belle présentation aux téléspectateurs.

Et comme il s'agissait d'une télévision communautaire, je n'étais pas rémunérée. Mais je me bâtissais mon CV !

Cet exemple de bénévolat a été lucratif à tous les niveaux. J'ai alors vécu l'effet boule de neige, c'est le cas de le dire ! Une formidable rencontre avec le chroniqueur de ski Guy Thibodeau a suivi et m'a permis de faire mes premières armes comme chroniqueuse de ski dans les émissions de Joël Le Bigot, à Radio-Canada, et de Serge Bélair à la radio de CJMS.

Quelle expérience enrichissante ! C'est pourquoi j'encourage les jeunes que je *mentore* à accepter des projets sans rémunération pendant leurs études afin de construire leur curriculum vitæ. Un tremplin pour leur avenir, en quelque sorte.

De mission impossible à tout est possible

J'aime bien raconter à ces jeunes une des raisons de mon implication à la Fédération professionnelle des journalistes du Québec, dans mes premières années comme journaliste. J'agissais à titre de vice-présidente, section radio. C'était une époque difficile pour les femmes qui tentaient de faire leur place comme journaliste. Je peux dire que j'en ai bavé un bon coup.

Fréquemment, des collègues me narguaient, tentaient de m'intimider, refusaient la féminisation de termes dans des textes que je présentais. Ces exemples, et plusieurs autres que je préfère laisser dans ma « boîte à oubli », m'ont poussée à m'impliquer en compagnie d'autres femmes journalistes afin de briser le mur de la discrimination.

En 1981, quelques *courageuses* ont mis sur pied le premier colloque sur les femmes et l'information. Le thème était « Brisons le mur du silence ».

Ma mission : frapper à la porte de commanditaires en vue d'inviter des journalistes étrangères reconnues telles qu'Oriana Fallaci et Martine Storti. Il nous fallait défrayer les coûts des billets d'avion afin qu'elles puissent traverser l'Atlantique et nous faire part de leur vision féministe de la profession.

Nous l'avons brisé, ce mur, et ce, de façon phénoménale. J'insiste sur les détails de cet Événement avec un grand « E ». Ce bénévolat pour une cause fondamentale, soit l'accès à l'égalité et aux mêmes fonctions que nos collègues masculins, a fait de ce colloque, j'ose le croire, une plaque tournante pour les femmes québécoises dans le monde de l'information.

La bonne volonté ne suffisait pas. Il nous fallait oser déranger ! Grâce à « ce grand dérangement », nous voyons aujourd'hui de plus en plus de femmes dans les médias, comme dans d'autres sphères d'activité.

Depuis, il n'est pas rare d'entendre de jeunes femmes journalistes affirmer que leurs emplois existent grâce aux briques installées les unes sur les autres par ces pionnières qui n'ont pas craint de payer de leur temps et de leur énergie. Parfois, on me rappelle que mon engagement professionnel a contribué à changer le visage du métier de journaliste pour les femmes. Je suis loin d'avoir cette prétention, mais humblement, je sais que j'y ai participé. Je suis toujours demeurée intègre face à moi-même, à mes valeurs et à mes désirs ou mes objectifs de vie.

Le bénévolat : une nécessité

Une grande partie de mes valeurs m'ont été léguées par mes parents. Je ne les ai pas toujours suivies à la lettre, mais l'essence y est ! Si vous me demandez quelle est ma plus grande qualité ? J'ose répondre la générosité. Alors, vous comprendrez que le courant d'égoïsme qui coule dans les veines de la société ces trente dernières années m'offusque quelque peu.

L'individualisme, le chacun pour soi, semble être la philosophie actuelle. Les jeunes consacrent moins de temps au bénévolat. Cela se répercute sur la vitalité de certaines régions qui voient les jeunes adultes partir vers les grandes villes. À chacune de mes conférences sur cette thématique, j'ai devant moi des têtes grises et très peu de relève. C'est le nerf de la guerre que de recruter. Les associations s'essoufflent, elles manquent de ressources. Lors d'un passage à Trois-Rivières, on me racontait qu'un organisme de charité n'a pu fêter sa quinzième année faute de bras. Pas plus encourageante cette statistique : l'âge moyen des bénévoles dans les Popotes Roulantes du Québec serait de soixante-douze ans. Vous aussi, vous vous dites que c'est terrible ? Allez vous promener sur Internet et lisez les cris du cœur de dizaines d'organisations. L'une d'entre elles pourrait sans doute vous interpeller !

Peut-être que pour inciter les futurs bénévoles à brasser de la soupe, il suffirait de changer le mot «bénévolat» pour «participation citoyenne» (terme à la mode) !

La faute aux jeunes ? Non, ils ne sont pas les uniques responsables de cette défection. Même les nouveaux retraités semblent avoir trop d'occupations pour servir une cause.

On peut bien affirmer que ma petite contribution ne changera rien à la donne, si chacun pense ainsi, la chaîne se brisera. Le bénévolat peut sauver des vies, des jeunesses perdues, rebâtir des villes, etc.

Sans bénévolat, une partie du monde s'écroule. Je le crois sincèrement.

La relève : vivre ses rêves plutôt que rêver sa vie

R ien ne me fait plus plaisir que de recevoir un courriel ou un appel d'un étudiant ou d'une étudiante qui me demande de l'aider. À chacune de mes rencontres avec François, Alexandre, Édith, Frédérique et les autres, j'ai le sentiment de recevoir au moins autant que je donne. Une sensation qui génère en moi le goût de vivre une journée de plus, surtout durant ces jours où mon ciel s'assombrit.

Ma personnalité parfois complexe me fait basculer – heureusement très rarement – dans l'apitoiement. Un téléphone, un courriel ou encore un texto d'un de mes protégés m'invite à cesser de broyer du noir et à m'en sortir au plus vite. Ces jeunes sont ma bouée de sauvetage. Les aider à grandir et à vouloir Être me procure une satisfaction au moins aussi forte que lorsque je reçois. Je sais, cela peu paraître rose bonbon que de penser ainsi, mais je me souviens qu'enfant, j'avais ce côté missionnaire qui m'avait fait comprendre assez vite que *donner au suivant*, c'est toujours gagnant.

Édith ou la Mini-Cazin

Elle est née un 2 août, tout comme mon fils Patrick. En 2001, Édith avait à peine vingt-trois ans lorsque la direction de TVA me l'a mise entre les pattes comme recherchiste à l'émission *Dans la mire.com.* J'utilise l'expression « dans les pattes » volontairement, car si la réincarnation existe, Édith aurait très bien pu incarner l'âme de mon fils décédé quelques jours après sa naissance, en 1972.

Édith, mon miroir : la perfectionniste, l'angoissée et la travailleuse acharnée me donnait fréquemment du fil à retordre à trop vouloir avoir raison. Tiens, tiens ! Plus un, mais deux *pitbulls* sévissaient au travail. Deux impulsives qui étaient prêtes à déchirer leurs chemises pour faire la démonstration de la vérité. Leur vérité. Édith-la-fouineuse cherchait et trouvait plus rapidement que trois recherchistes ensemble. Heureusement que j'avais déjà amorcé ma démarche d'introspection... Ce qui m'a permis de mieux accueillir cette jeune louve qui balayait tout sur son passage. Il m'était alors plus aisé d'accepter entièrement la présence de mon clone.

Même les collègues se sont rendu compte assez vite de cette troublante ressemblance. On a affublé Édith du surnom de Mini-Cazin. En la regardant vivre, elle me forçait à revoir le parcours de ma vie. Fatiguant, vous croyez ! C'en était parfois épuisant, invivable.

Un jour de grande déprime, Édith m'a fait des confidences, elle était devenue plus qu'une simple collègue de travail. L'amitié faisait son œuvre. Ses tourments m'ont rappelé ceux de Gaétan.

Perfectionniste débordante, sans nuance et démunie d'un sens de l'humour, elle m'a inquiétée plus d'une fois.

Même si je n'étais pas son psy, je m'employais à sauver Édith de la dépression éventuelle. « Gaétan m'a échappé, je ne t'échapperai pas », lui ai-je lancé un jour au bout de sa complainte. Elle, comme des dizaines d'autres jeunes journalistes, vouait une admiration sans bornes à mon cher collègue disparu. Édith est ainsi devenue ma relève, ma fille spirituelle, en quelque sorte.

Elle avoue elle-même qu'elle me ressemble plus qu'à Ghislaine, sa mère biologique. Peu importe. Aujourd'hui, Édith et moi poursuivons nos chemins en parallèle. Nous ne travaillons plus ensemble, mais la SP a renforcé le lien qui nous unissait déjà[52]. Parfois, lorsque ma solitude me pèse et qu'Édith me demande conseil, elle ne se doute pas du bien qu'elle me procure. La reconnaissance devrait toujours prendre un billet aller-retour. ☺

François : la puissance des dividendes

L'arrivée d'Internet a bouleversé la planète. Plus rien ni personne n'est loin. Ce matin d'octobre 2002, je suis à mon poste de travail préparant assidûment une autre émission *Dans la mire.com*. J'aime me laisser distraire par les courriels. Celui-ci n'est pas banal. Un étudiant de l'UQAM me sollicite pour une entrevue dans le cadre de son cours en communication. L'attente n'a point de patience. Je ne le sais que trop. Quarante-cinq minutes plus tard, François Cormier tombait pratiquement dans les pommes en

---

52 Voir la section « Pourquoi elle ? », p. 73, où il est question d'Édith, elle-même atteinte de sclérose en plaques.

entendant ma voix au bout du fil, m'a-t-il raconté par la suite. Son courriel allait droit au but, sans trop de fautes. Il semblait sérieux. Ce sera oui, à la condition qu'il m'envoie son texte, tellement convaincue que j'allais y apporter de multiples corrections. Mal m'en prit d'avoir osé juger ce beau garçon.

Impressionnée par son style, je lui ai offert de passer une journée au sein de notre équipe. De la première réunion de production à 7 heures du matin jusqu'au *post-mortem* vers 15 heures, je me suis plu à regarder François savourer chaque seconde de cette opportunité à laquelle il n'aurait jamais pensé avoir accès, même dans ses rêves les plus audacieux. Quelques jours plus tard, profitant de l'absence d'une recherchiste, j'invitais mon stagiaire à faire ses preuves. Mon premier conseil à François : se bâtir un carnet d'adresses enviable. Frêle au départ de sa vie de jeune adulte, François a pris de l'assurance, de l'expérience. Il a gravi chacune des marches sans trop en escamoter. De recommandation en recommandation et parce qu'il y a mis l'ardeur nécessaire, treize ans plus tard, François Cormier s'est fait un nom à Radio-Canada. On ne se doute pas assez de la puissance d'un petit coup de pouce.

Le grand Alexandre
Alexandre, lui, portait la casquette lorsqu'il est arrivé la première fois à TVA. C'était en 2006. J'avais accepté sa demande de me suivre pendant quelques jours dans les couloirs de la station. Mon manque de nuances de l'époque l'a un peu assommé lorsque, à son arrivée, je lui ai fait sauter sa casquette de la tête.

C'est ce qu'il y avait dans la *caboche* de ce jeune étudiant en communications de l'Université de Montréal que j'ai appris à apprécier. L'expérience a duré plusieurs semaines plutôt que quelques jours. Alexandre arrivait tôt le matin à mon bureau de LCN et, comme un bon élève, il suivait mes conseils à la lettre. Sans le savoir, il contribuait à améliorer mon éditorial en faisant une revue de presse comme il se doit quand on est recherchiste.

Je sentais chez ce jeune homme une fragilité qui parfois me troublait. Mais sa volonté, son ouverture d'esprit et sa capacité d'absorption m'ont convaincue de le présenter à la direction du service de l'information. Depuis, il a fait son chemin et expérimenté quelques médias. Il a même travaillé auprès de Paul Arcand. Aujourd'hui, Alexandre est plus qu'un stagiaire à qui j'ai donné un coup de pouce, il est comme Édith, un peu mon fils spirituel, sur qui je veille même de loin dans les bons et les mauvais moments.

Frédérique, une extraterrestre

Ce n'était pas la première fois que quelqu'un m'interpellait pour me rappeler qu'il était un fidèle téléspectateur de l'émission *J.E.* Je relaxais dans une piscine en Floride lorsque ce monsieur m'a fait signe. Des compliments d'usage ont fait rapidement place à une demande particulière. Sa petite-fille, Frédérique, âgée de quinze ans, rêvait de devenir journaliste ou animatrice. « Pouvez-vous lui parler, madame Cazin ? » Bien sûr que je lui parlerai, mais elle devra elle-même faire sa démarche pour me signifier son intérêt. Une exigence réclamée à chacun et chacune de mes protégés. Elle apprendra ainsi à se responsabiliser.

Quelques semaines plus tard, je reçois un courriel de la jeune fille en question. J'ai craqué en tombant sur cette phrase qui ne me laissait aucune porte

de sortie : « Si vous avez envie de soutenir moralement une fille avec une grande passion, le poste est
disponible !!! » L'approche, les tournures de phrases
et la syntaxe en disaient long sur les capacités de
cette adolescente. Frédérique avait des exigences
tout à fait louables et espérait être épaulée par une
personne d'expérience. Elle tentait de me rassurer
en me prévenant qu'elle ne voulait pas m'envahir,
mais plutôt qu'elle désirait avoir une oreille atten-
tive à qui elle pourrait soumettre ses craintes sans
être jugée.

Une lettre à faire lire à tous ceux qui, par leurs
préjugés, persistent à élargir le fossé entre les
générations. On peut cependant les comprendre
lorsqu'on se heurte à des tonnes de fautes à la lecture d'un communiqué, d'une lettre commerciale ou
d'une demande d'emploi, pour ne nommer que cela.
De toute évidence, je n'avais pas affaire à une écer-
velée. Frédérique était loin, malgré son jeune âge, de
la définition de l'enfant roi. Elle est arrivée au bout
de ses études secondaires assez facilement, grâce
à des coups de pouce offerts par des gens responsables, à commencer par ses parents.

Dans nos séances de mentorat, je vois une adolescente bien sérieuse, prête à bien des sacrifices
pour réaliser, un jour, son grand rêve. D'où vient
cette énorme différence entre elle et la majorité des
jeunes de son âge ? Un jour de confidence, elle me
raconta qu'elle se considérait comme une extraterrestre auprès de ses amies d'école. Ses deux sœurs
et elle sont convoquées tous les soirs autour de la
table pour un repas familial en compagnie de papa et
maman.

Pas d'Internet, pas de télévision, que des
conversations sur le quotidien de chacun et

chacune. Tu parles d'une famille anormale ! Pourtant, Frédérique n'est pas déconnectée de la réalité d'aujourd'hui. Jeune fille à la mode, elle est branchée au bon moment et aux bons endroits. Jamais je ne l'ai vue prendre son téléphone intelligent dans des circonstances inadéquates. Alors que tant de gens (pas que des jeunes) passent leurs soirées, même en agréable compagnie, le nez collé sur leur gadget comme des abeilles sur un pot de miel.

Le cheminement avec Frédérique se fait tout en douceur. Elle me suit dans toutes mes activités médiatiques. Elle apprend, rencontre des producteurs, des recherchistes, des animateurs. Elle accepte mes critiques, mes commentaires. Elle progresse, elle se responsabilise. Oui je la guide, je lui apprends les trucs du métier, mais cela accentue aussi le très net sentiment que mon existence a un sens. Un parcours qui profite à chacune de nous. Donner au suivant, notamment à la relève, c'est le passage du témoin dans la course à relais, c'est la vie qui bat.

Lorsque je lui parle de mes valeurs spirituelles, je n'ai pas l'impression de parler chinois. Avec elle, je ne ressens aucunement le choc des générations. Une de nos visites lui a ouvert les portes d'une télévision communautaire. Le temps d'un été, Frédérique est devenue chroniqueuse et a même remplacé à quelques reprises l'animatrice.

Et puis Éric Salvail a accepté de la prendre en stage dans l'une de ses émissions. Elle a fait tous les efforts nécessaires pour s'imposer comme stagiaire. Je sais aussi qu'elle est remplie de gratitude ! Quel formidable début de vie professionnelle pour cette jeune femme à l'aube de sa vie d'adulte.

Retenez ce nom : Frédérique Tavernier. Cette jeune fille fera sa place dans les médias, j'en suis profondément convaincue.

La relève a besoin de modèles

Bien sûr, j'ai aussi eu mes modèles. L'un d'eux nous a quittés à la fin de l'année 2013. Permettez-moi de lui rendre hommage dans ces lignes. Jacques Proulx était un pionnier de la radio, mais il était aussi l'un des piliers de la radio montréalaise des années 1970-1980. Il ne s'est certainement jamais douté à quel point il avait contribué à me garder debout et bien en selle à des moments où d'autres animateurs me faisaient la vie dure et me jugeaient sévèrement. Je lui en serai à jamais reconnaissante.

À la fin des années 1970, alors que je tentais de m'imposer à la radio de CKAC, Jacques Proulx s'est révélé un gentleman à mon égard. J'ai eu le grand privilège de le côtoyer. Tous les matins, il m'accueillait, me présentait avec élégance et respect. Des grands comme lui, il s'en fait peu. Au-delà de sa mort, je souhaite vivement que son nom continue d'être cité comme modèle dans les cours de communication.

« Il n'y a pas de hasard, il n'y a que des rendez-vous[53] »

En 2002, encore bien loin de ma retraite et même d'y penser, nous avons décidé, avec mon équipe, d'enregistrer l'émission *Dans la mire.com* en direct d'une maison de jeunes. Nous voulions démystifier ce qui se passait à l'intérieur de ces murs et, par conséquent, contribuer à réhabiliter leur mauvaise

---

53   Paul Éluard.

réputation de lieu de rassemblement de mauvais garnements. Cette émission a été l'amorce de ma magnifique aventure avec la Maison des jeunes Kekpart de Longueuil. Cette maison accueille les jeunes qui ont le goût de se retrouver en gang, qui veulent bouger ou juste *vedger*, comme ils disent. Un an plus tard, en 2003, son directeur général, Richard Desjardins – non, pas le chanteur –, me proposait un projet que je ne pouvais refuser : devenir marraine de La Relève, leur futur centre de formation dans les arts de la scène qui aurait pour objectif de contrer le décrochage scolaire. Moi qui, adolescente, avais de la graine de décrocheuse, je peux témoigner des précieux encouragements qu'il prodigue à ces jeunes et de tout le travail accompli. À mon avis, au moteur de l'humain la reconnaissance est l'essence, un peu comme la tape dans le dos qui permet de s'accrocher plutôt que de décrocher. C'est ce que Richard Desjardins et son équipe se sont donné comme mission en créant le centre.

Cela me rappelle mes débuts au secondaire ; mes notes n'étaient pas très reluisantes. À la remise du bulletin de fin d'année, la titulaire de ma classe avait déclaré à mes parents que, même si je n'avais pas l'esprit « académique », elle n'était pas inquiète pour mon avenir. Y a-t-il meilleur remède au décrochage ? J'aurais bien aimé revoir cette religieuse et lui dire merci.

* * *

Bâtir un centre de formation dans les arts de la scène réclame des centaines de milliers de dollars.

Amasser des fonds pour le futur centre, participer aux différentes activités de financement, parler aux jeunes, les encourager à poursuivre leurs études m'a tenue occupée même après ma retraite de TVA.

Ma devise n° 1 : *Vivre ses rêves et non rêver sa vie.* Les jeunes et l'équipe de Kekpart y ont immédiatement souscrit et l'ont faite leur. Armés d'arguments solides et relevant nos manches de l'ingéniosité, nous nous sommes mis en quête de généreux commanditaires.

Richard Desjardins, l'instigateur de ce projet, travaille depuis plus de vingt-cinq ans auprès des jeunes. Ses longs cheveux attachés m'ont charmée ; ses yeux et ses paroles ont fait le reste. Ce bel humain humaniste anime, éduque, prévient et intervient auprès de ces jeunes, écorchés trop tôt dans leur existence. Comme moi, Richard a gravi les échelons à la dure, sans filet, ni rampe de sécurité. Au secondaire, il a même frayé avec les voyous du quartier. C'est le sport qui l'a sauvé de la délinquance. Ce n'est pas pour rien qu'un jour, il s'est retrouvé à la direction générale de la Maison des jeunes Kekpart. Sa feuille de route, impressionnante, m'a encouragée à l'aider dans ses démarches.

Accueillir des ados à la dérive relève de la bonne action, même si on est rémunéré pour le faire. Plusieurs projets ont été à la base du rêve longtemps inavoué de Richard : studio d'enregistrement, cours de photographie, etc.

Vous vous demandez peut-être : pourquoi la Maison Kekpart ? Comme toutes les maisons de jeunes d'ailleurs, la Maison Kekpart comble d'abord les besoins élémentaires : l'écoute, la compréhension et la reconnaissance. Les intervenants sont présents pour aider tous les jeunes qui passent par là, quelle qu'en soit la raison, peine d'amour, difficultés familiales ou rejet à l'école.

Avoir des projets, c'est vivre !

Richard Desjardins possède des bouquets de projets dans sa tête. Je dirais même, avec une pointe d'humour, qu'il cultive *des jardins* de projets dans sa tête. À cette époque, il voyait grand, et avec ce que la Maison offrait déjà comme activités, Richard se disait qu'un centre de formation dans les arts de la scène serait la grande réalisation de sa vie.

Alors on s'est retroussé les manches, on a frappé aux portes, on s'est abîmé les doigts au téléphone pendant des heures pour trouver des commanditaires. Pour ma part, ma contribution était relativement simple. Je devais parler du projet La Relève à chaque occasion pertinente.

Toute jeune déjà, j'avais un plaisir fou à vendre des quenouilles aux vieilles dames de cinquante ans et plus (!). Aussi, à quelques reprises durant l'année scolaire, j'avais été l'enfant la plus populaire de l'école, notamment pour l'abondante récolte «d'adoption» de petits Chinois de la Sainte-Enfance[54].

Et c'est là qu'entre en scène la devise n° 2 : *Rien ne se fait seul.*

Comme je travaillais au sein d'une entreprise de communication, il m'a été relativement facile de convaincre Québecor, Vidéotron et TVA d'appuyer

---

54 L'association pontificale de la Sainte-Enfance, ou Œuvre pontificale de la Sainte-Enfance, est une œuvre caritative catholique au service des missions. Créée en 1843 en France, elle avait pour objectif de sauver les âmes de la Chine, de les éduquer et de les convertir à la religion catholique. Arrivée en Amérique par les missionnaires de l'Immaculée-Conception au début du xxᵉ siècle, le parrainage des petits Chinois fut rapidement intégré dans toutes les écoles du Québec.

cette initiative culturelle. Pierre-Karl Péladeau s'est montré extrêmement généreux à l'égard de ce magnifique projet. Les gouvernements du Québec et du Canada ont amené de l'eau au moulin, tout comme les Caisses Desjardins et plusieurs autres institutions de la région. C'est vrai, rien ne se fait seul. Tous ont collaboré et, trois ans plus tard, le Centre de formation dans les arts de la scène La Relève a vu le jour.

En septembre 2007, à l'inauguration du Centre La Relève, trois artistes de talent et de renom, chéris de leur public et flamboyants de vérité et de simplicité avaient gentiment accepté de témoigner de l'importance de terminer ses études secondaires. Aujourd'hui encore, je garde en mémoire tout l'émerveillement des jeunes et des invités lorsque j'ai présenté ceux que j'ai appelés «mes cadeaux à La Relève»: Marie-Mai, Normand Brathwaite et sa fille Élisabeth Blouin-Brathwaite.

J'avais osé frapper à la porte de ces vedettes afin de démontrer aux jeunes que, malgré un parcours difficile, il est possible d'aller au bout de ses rêves. La vocation du Centre La Relève prenait ainsi tout son sens. En acceptant ma proposition, Normand, Élisabeth et Marie-Mai se sentaient eux aussi, d'une certaine manière, responsables de l'avenir de ces ados. Lorsque nous nous rencontrons, même au sommet de sa gloire, Marie-Mai me demande encore des nouvelles des jeunes de Kekpart.

Quant à moi, je prenais mon rôle de marraine à cœur. N'ayant pas d'enfant, j'ai vite compris que faire du mentorat, *marrainer* et aider la relève ferait partie de mes activités futures. On peut bien critiquer les jeunes et prétendre que «dans not' temps, c'était mieux», *vivre* c'est aussi transmettre ses valeurs et avoir le désir d'améliorer le sort d'une communauté. Bref, sentir sa propre existence au travers de celle des autres. Être dans l'action plutôt que dans la réaction. Et puis, je peux bien l'admettre, je me reconnais tellement dans certains de ces ados!

Vous dire à quel point j'étais fière d'être associée à une telle initiative, et ce n'était rien comparé au bonheur de voir, quelques années plus tard, ces jeunes réussir à terminer leur secondaire, simplement parce que des gens ont cru en leur potentiel. Ne perdons pas de vue ce mot : RECONNAISSANCE!

Richard Desjardins évalue à plus de 85 % le taux de réussite des ados qui terminent leurs études grâce à cette formation dans les arts de la scène. Des exemples de réussite, Richard et son équipe les accumulent avec une fierté pleinement méritée. D'ailleurs, lors d'une soirée de gala Excellence, son regard perçant illustrait bien le bonheur qu'il ressentait à me présenter David, un jeune de dix-sept ans qui était classé en secondaire 2. Après un an et demi de travail acharné, il a terminé son secondaire 5, en plus de faire sa chimie et sa physique. Il espère maintenant devenir physicien. Fabien, un autre raccrocheur, était classé en sixième année du primaire et, après un an d'études, il a été reclassé en deuxième secondaire.

Il n'y a aucun cas désespéré

On a parfois cru que j'en étais un, quand j'étais plus jeune, pourtant. Mais un jour, j'ai réalisé que je n'étais pas née pour rêver ma vie, mais bien pour vivre mes rêves. Alors je me suis dit: «Allez Jocelyne, retrousse tes manches!» Ça tombait bien. Lors de ma cinquième année, l'animateur de la radio CKJL à Saint-Jérôme, André Guy, organisait un concours de chorale. Mais nous n'avions pas de chorale à l'école et j'aimais chanter. Alors, ni une ni deux, j'ai convaincu sœur Élisabeth de former une chorale afin de nous apprendre des chansons.

Puisqu'il s'agissait d'un concours et qu'il fallait se déplacer, chaque enfant devait m'apporter un dollar – ce qui était énorme en 1959 ! – pour que je puisse payer le chauffeur d'autobus qui nous amènerait vers la victoire. Je me sentais responsable de ce tour de force que nous voulions accomplir, mais finalement j'ai été un peu déçue du résultat. Nous n'avons pas gagné. Néanmoins, personnellement, j'avais gagné plus qu'une médaille : je venais de découvrir mon désir de performer. Je traçais, très tôt déjà, le chemin vers la carrière que j'ai eue et qui allait me mener à vouloir partager mes multiples expériences. Je voulais faire bouger les choses, prendre une part active dans la société, accepter mes erreurs, etc. Vivre mes rêves et non rêver ma vie, quoi !

> « Je me responsabilise et je ne reste pas indifférent à ce qui se passe autour de moi. Je passe à l'action. Malheureusement, beaucoup n'ont pas la même conscience et sont au Nunavik par égoïsme. »
>
> Joé Juneau, ex-hockeyeur de la Ligue nationale de hockey

J'ai une grande admiration pour Joé Juneau, cet ancien joueur de hockey qui, par sa discipline et son sens exacerbé des responsabilités, a réussi à bâtir quelque chose de phénoménal au nord du 55e parallèle. Il est un formidable modèle pour la relève, entre autres parce qu'il sait donner le goût aux jeunes de vivre leurs rêves. Lors d'une visite à Kuujjuaq, il avait constaté la détresse et la grande pauvreté chez les Inuits. Tous ces jeunes laissés à eux-mêmes ; Juneau ne pouvait rester indifférent. En réaction à cette misère, il est vite passé à l'action en proposant aux autorités du territoire du Nunavik de mettre en place un programme sport-études en hockey dans le but de contrer le décrochage scolaire et de baisser le taux de criminalité très élevé de cette région du Grand Nord québécois : « On partait de très loin. Il fallait former des entraîneurs, rénover les arénas, motiver les jeunes et leurs parents et offrir le programme aux quatorze villages du Nunavik. »

En y regardant de plus près, aujourd'hui, on comprend mieux le travail gigantesque qu'a entrepris Joé Juneau. Et on remercie tous ceux qui ont cru en son projet fou. Jugez-en par vous-même. La moitié de la population du Nunavik a moins de vingt ans. Imaginez la contribution que pourrait apporter cette relève au succès économique du Québec ! Malheureusement, c'est loin d'être le cas. Même les économistes nous le mentionnent régulièrement : « La province manque radicalement de relève. » Besoin d'un autre constat ? Selon le ministère de l'Éducation, en 2011, 93 % des élèves du Nunavik présentaient un retard à l'entrée au secondaire, et seulement 17 % d'entre eux terminaient leurs études secondaires[55]. La criminalité est en hausse, le taux de suicide fait frémir, les problèmes de toxicomanie sont nombreux, et j'en passe... La vraie misère noire. J'arrête là.

---

55   http://bit.ly/1thXUvW.

Plutôt que de croire que cette population n'avait pas d'avenir, Juneau s'est retroussé les manches. Il a bâti un programme qui allait améliorer le sort de quelques jeunes.

Un peu à la manière du projet La Relève de la Maison Kekpart, Juneau responsabilise les participants en exigeant qu'ils signent un engagement d'assiduité : la promesse de terminer leurs études secondaires. Les termes du contrat vont encore plus loin : l'équipement de hockey prêté doit rester en bon état et le bénévolat doit entrer dans leur mode de vie. Parce que comme bien d'autres philanthropes, Juneau estime que, sans le bénévolat[56], une communauté est vouée à l'agonie.

Mais rien n'est facile. Lors d'une conversation téléphonique avec ce retraité du hockey, j'ai été ulcérée d'entendre qu'il devait constamment se battre contre la bureaucratie, la paresse de certains fonctionnaires et le désabusement de la plupart des dirigeants et enseignants scolaires. Cela peut paraître invraisemblable, mais à peine le tiers des professeurs ont daigné encourager leurs élèves à se joindre au programme de sport-études en hockey. Pourtant, s'ils avaient pris la peine de regarder les résultats de la plupart des protégés de Juneau, ils auraient été encouragés à mieux contribuer aux efforts de l'ex-hockeyeur.

En contrepartie, le mentor me racontait, non sans passion ni émotion, quelques histoires de réussite comme celle de cet adolescent de seize ans qui agit maintenant comme entraîneur dans son village. En 2013, il a même participé au Grand Défi Pierre Lavoie, une randonnée de mille kilomètres à

---

56   Voir le chapitre «*Benevolus*», p. 71.

vélo qu'il n'aurait jamais pu vivre trois ans plus tôt alors qu'il était aux portes de la délinquance. Des modèles comme Joé Juneau ne sont pas pléthore. Lorsque j'étais étudiante, j'adorais qu'on me donne des exemples de courage, de générosité et de force. Je tentais, bien maladroitement, de les imiter à hauteur de mes actions. Il serait souhaitable que les enseignants citent plus souvent en exemple les Juneau, Desjardins, Proulx et bien d'autres modèles, afin qu'ils insufflent un espoir nouveau, du courage, des valeurs fondamentales... la vie, en somme.

Les coups de pouce

En secondaire 3, je me souviens d'avoir été plus motivée à poursuivre mes études à partir du moment où je me suis retrouvée à la barre d'une émission de la radio scolaire le midi. C'était pourtant l'époque où je rêvais de devenir avocate pour la délinquance juvénile. Mais le directeur de mon école, Luc Chalifoux, aimait la voix et les propos qui sortaient tout droit des haut-parleurs de la cafétéria. Il m'a plutôt suggéré de me diriger vers les communications et m'a encouragée à poursuivre mes études dans ce domaine. J'étais loin d'imaginer que j'étais en train de tracer ma voie, mais lui avait reconnu le potentiel de l'adolescente un peu rebelle que j'étais.

Le présent, masque d'un futur... proche ? Ce n'est que beaucoup plus tard dans la vie que l'on peut réaliser les bienfaits d'une telle reconnaissance de la part d'un professeur, d'un directeur d'école ou d'une autorité quelconque. C'est à vous que je le dois : merci, monsieur Chalifoux !

Vivre ses rêves passe aussi par la responsabilisation... Parfois à la dure

Un an plus tôt, en secondaire 2, une fracture à la colonne vertébrale me condamnait à limiter mes mouvements durant sept mois interminables : quatre mois dans un corset d'acier et trois mois dans un corset de plâtre. Comment entreprendre mon adolescence dans de telles conditions ? Moi qui étais de tempérament hyperactif.

À mon retour en classe, Solange et Louise, deux de mes amies les plus fidèles, ont probablement accompli une des tâches les plus éprouvantes pour elles, et humiliantes pour moi, alors que j'étais toujours enfermée dans mon scaphandre de plâtre : m'accompagner à la toilette. Vous dire à quel point j'ai vécu douloureusement ce passage obligé ! Leur gentillesse m'a forcée à piler sur mon orgueil et à comprendre qu'on ne peut pas toujours tout contrôler. Pourtant, il m'a fallu encore de nombreuses expériences et plusieurs dizaines d'années avant de lâcher prise, avant que la *Germaine* en moi ne sorte de ce corps. ☺

Cet accident, et quelques autres blessures au cours de mon enfance et de mon adolescence, ne m'ont pas laissé d'autre choix que de devenir une battante. Les médecins avaient posé un diagnostic impitoyable, laissant entendre que je ne marcherais plus jamais normalement. Trois ans plus tard, je dévalais les pistes de ski et devenais monitrice au mont Olympia. Mon attitude positive, ma détermination et la fierté qu'avaient mes parents et mes amies à me voir sur pieds rapidement m'ont sauvé des mois, et peut-être même des années, de souffrance.

Le sens des responsabilités

Selon moi, le mot «responsabilité», presque oublié depuis une vingtaine d'années, doit retrouver son sens. Prendre ses responsabilités, c'est passer à l'action, définitivement. Par exemple, ces jeunes du Centre La Relève ne se contentent pas de dire qu'ils sont tannés d'aller d'échec en échec, ils acceptent la proposition de leurs éducateurs et tentent leur chance dans les arts de la scène. Ils passent ainsi en mode «action». Donc, la responsabilisation s'éloigne de la simple réaction.

Devise n° 3 : *Se responsabiliser, c'est se rendre conscient de ses responsabilités*[57], ne pas se mettre la tête dans le sable quand vient le temps d'affronter la réalité!

La responsabilisation passe aussi par la confiance. Je me fais confiance ou on me fait confiance pour accomplir une activité ou une action. Et cette confiance m'élève nécessairement vers la reconnaissance. Parce qu'on me fait confiance, on reconnaît les qualités pour lesquelles on me sollicite. J'ai ainsi le goût d'être responsable. J'ai tellement de peine lorsqu'on me raconte des histoires d'enfants laissés pour compte sur le dernier banc de la classe. On ne les sollicite pas, on ne les reconnaît pas.

> «La reconnaissance est
> la mémoire du cœur.»
>
> Hans Christian Andersen

Qui dit projet, dit aussi rêve, accomplissement, avoir le sentiment d'être utile. Par conséquent, projet dit également reconnaissance. Même si j'ai

---

57   Selon le *Petit Larousse illustré*.

parfois mangé mon pain noir, je me considère privilégiée d'avoir œuvré dans le domaine des communications, où la reconnaissance fait partie de la culture. On aime aimer les artistes. Ce qui n'est pas le cas de la majorité des travailleurs qui méritent, eux aussi, d'être reconnus pour ce qu'ils sont ou ce qu'ils font.

* * *

La reconnaissance est un des éléments essentiels à la vie humaine qui devrait se transmettre dès la naissance. Les parents reconnaissent l'enfant qui vient de naître. C'est ce qui permet à l'être humain de prendre confiance, de vouloir rester dans sa vie et de vouloir la poursuivre.

Je crois que le nombre hallucinant de séparations au Québec ces dernières années a éloigné, par le fait même, les enfants de la reconnaissance à laquelle ils avaient droit; des enfants et des adultes déambulent sans jamais recevoir de tape dans le dos, un stimulant essentiel pour poursuivre son chemin.

Je me souviens qu'enfant – j'étais alors en sixième année – je manquais cruellement de reconnaissance. Mes parents étaient trop occupés à travailler dans leur restaurant, et moi, à l'école, je n'étais pas ce que l'on pouvait appeler une élève modèle. Pourtant, chaque année, à la Fête-Dieu, je rêvais d'être l'ange qui allait siéger au pied de l'autel près du prêtre. Une consécration qui n'appartenait qu'aux premières de classe.

En 1959, lors d'une de ces célébrations, la procession s'est arrêtée devant le restaurant de mes parents, *Au Petit Coin de France*. Enfin! J'étais un des anges qui trônaient aux côtés du célébrant. Je l'avoue, mes parents avaient acheté cette reconnaissance. Une fois n'est pas coutume ! Avec le recul, je sais que cet événement a contribué à me donner confiance, à me procurer le goût de m'impliquer et à me sentir utile à la société. La reconnaissance peut sauver des vies et un avenir. Elle a peut-être sauvé le mien !

> « La plus grande difficulté
> n'est pas tant de prendre des décisions
> que de les assumer. »
>
> Serge Uzzan, un publicitaire français

Quand j'étais enfant, pour chaque faute commise, mes parents se faisaient un devoir de sévir et parfois de me punir. Surtout, ils n'allaient jamais critiquer les professeurs qui m'avaient semoncée. Les temps ont bien changé ! Par contre, mon père possédait une manière peu commune de me réprimander. Parfois, quelques minutes après ma correction, il venait dans ma chambre et s'excusait en pleurant. Je crois bien tenir de mon père à ce sujet, la rancune n'a jamais fait partie de mes défauts. Ne vous inquiétez pas, j'en ai d'autres en réserve.

J'ai donc appris très jeune à reconnaître mes erreurs et à discerner la peine que je faisais à quelqu'un. J'étais loin du portrait de l'enfant roi. Non seulement je ne pouvais me réfugier sous la jupe de ma mère, mais ce n'était jamais suffisant, jamais assez bien pour elle ; elle semblait plus souvent déçue que réjouie par mes performances... jusqu'à ce que je travaille à la télévision[58].

Par contre, ils ne m'ont jamais empêchée de grimper vers les sommets, de monter à cheval, de

---

58   Voir le chapitre « Ma mère », p. 161.

dévaler les pentes de ski. Dès l'âge de quatre ans, mon père m'aidait à chausser mes skis et je partais seule vers La Marquise, le petit centre de ski familial aujourd'hui remplacé par de grosses et belles demeures. Je skiais toute la journée, et une âme charitable me ramenait à la maison sans que quiconque ne craigne un méchant loup. Probablement qu'aujourd'hui, on ferait un signalement à la DPJ pour dénoncer mes mauvais parents…

«Dans l'temps», la question de confiance ne faisait pas partie de notre vocabulaire, encore moins de nos questionnements. On ne s'en préoccupait pas. Le malin ne rôdait pas encore, ou si peu. Je faisais naturellement confiance à la personne qui m'offrait de me reconduire et qui se sentait responsable de ramener un enfant à la maison. J'ose croire que mes parents, en me laissant cette liberté, me faisaient aussi confiance. Étonnant paradoxe avec les pages précédentes, n'est-ce pas?!

Je ne compte plus les situations qui m'ont encouragée à vouloir aller de l'avant! Donner l'impression à un enfant qu'il est utile à quelqu'un, qu'il peut servir une cause, un idéal ou une personne et ainsi contribuer au bonheur d'autrui, en plus du sien, le grandit. Cela lui enseigne le dépassement de soi et le protège du décrochage scolaire.

Garder confiance en l'avenir

Michel, un ami d'enfance, n'aurait certainement pas été un ange le jour de la Fête-Dieu. Il était considéré comme un cancre, à l'école. Il a doublé à deux ou trois reprises au primaire. Avoir quinze ans en 7e année[59], c'était plutôt gênant. Il était d'ailleurs

---

59 À l'époque, il y avait une septième année avant d'entrer au secondaire.

très introverti, tout le contraire de moi, ce qui ne nous empêchait pas de nous apprécier. Malgré leur désespoir quant à sa réussite scolaire, ses parents veillaient sur lui. Ils ne le laissaient pas tomber. Chaque année, ils espéraient voir la lumière au bout du tunnel. Elle est enfin apparue, à la frontière du secondaire. L'institutrice de Michel a suggéré de l'envoyer au CEP de Saint-Jérôme. Croyez-le ou non, il a obtenu son diplôme haut la main et il est devenu l'un des meilleurs outilleurs de l'usine de General Motors de Boisbriand, où il a œuvré durant plus de trente ans, soit jusqu'à la fermeture de l'usine, en 2002. Il ne le sait pas encore, mais j'ai toujours été fière de son parcours. Dommage que nos chemins aient pris des directions très différentes !

* * *

Se connaître et s'aimer avant d'aimer autrui, nous disent les savantes lectures.

Jacques Forgues, un chauffeur d'autobus analphabète fonctionnel, se trouvait très malheureux d'être coupé d'une partie du monde. Dans le cadre de la Journée internationale de l'alphabétisation, il était venu raconter son histoire à mon émission *Dans la mire.com*. J'étais impressionnée par son parcours. Ne pas pouvoir lire l'actualité l'énervait au plus haut point. Après avoir atteint le creux de sa misère, il a donc décidé de terminer ses études secondaires. Il avait alors quarante-deux ans. Il n'est jamais trop tard pour apprendre !

Sa nouvelle passion pour l'écriture l'a dirigé vers la poésie et le théâtre. Son syndicat a reconnu son talent après qu'il eut suggéré d'offrir des cours d'écriture et de lecture à d'autres chauffeurs qui, comme lui, désiraient améliorer leur sort.

Aux dernières nouvelles, Jacques était toujours au volant de son autobus. Il sillonne le Québec à l'invitation de divers organismes pour donner le goût aux jeunes et moins jeunes de vivre leurs rêves et non juste rêver leur vie. Il pose toutefois un constat sévère et déprimant à l'égard de sa jeune clientèle. Chaque jour, il voit de plus en plus d'enfants enfermés dans leur univers virtuel. Il les entend de moins en moins s'amuser, rire ou se chicaner.

Des coups de pouce ou des coups de pied?

Les enfants que rencontre Jacques pourraient très bien être les mêmes que ceux que reçoit Robert Turbide, un psychoéducateur qui a créé le programme Répit-Transit[60] en 1997.

Durant mes trente-cinq ans de métier, j'ai eu le privilège de rencontrer des êtres d'exception. Parmi ceux-ci, Robert Turbide.

Robert m'a permis de visiter une de ses classes spécialisées qui reçoit des enfants violents, agressifs, asociaux.

Ce jour-là, dans ce groupe, Matthieu, Simon, Étienne et Jeremy se tenaient tranquilles, chacun dans le petit isoloir qui lui était réservé. C'est principalement à cause de leur attitude agressive et antisociale qu'ils se sont retrouvés dans ce genre de classe. L'éducatrice, une orthopédagogue, suivait la progression de ce groupe d'enfants pour une période de huit à douze semaines pendant laquelle elle leur enseignait la discipline, caractéristique importante du programme Répit-Transit de Robert

---

60 http://bit.ly/Z1eHGS.

Turbide. Voir des hommes et des femmes semer ces graines de bonté et aider ces enfants, même les plus difficiles, je vous assure que ça fouette l'ego et ça procure de l'énergie pour les semaines suivantes.

Pour en arriver à cet état désespérant, il a fallu que ces jeunes soient convaincus de la gravité de leur situation et qu'ils aient plus que la volonté, le désir de changer leur comportement. Ils n'étaient pas seuls. D'autres acteurs devaient eux aussi s'engager dans cette démarche : les parents des enfants devaient aussi s'engager à travailler avec les éducateurs. Un peu à la manière de Kekpart ou de Joé Juneau. Le taux de succès de Répit-Transit : 75 %[61]. Il n'y a pas de hasard.

Robert Turbide me fait un peu penser à Jacques Forgues, le chauffeur d'autobus. Ils n'ont pas le même parcours, mais tous deux contribuent à améliorer le sort de personnes plus démunies.

Après quelques années de ce programme, l'institut de recherche pour le développement social des jeunes (IRDS) a conclu que le comportement des élèves n'a pas cessé de s'améliorer depuis leur participation à ce programme et que les parents ont adopté de meilleures attitudes par rapport à l'école[62].

Tout le contraire de cette situation caricaturale où des parents invectivent le professeur qui a osé inscrire un «C» dans le bulletin de leur enfant. Ce comportement est malheureusement beaucoup plus courant qu'on le pense. Il s'inscrit dans la vague de ces enfants rois décriés par des psychologues qui

---

61   http://bit.ly/1qOMOrZ, en page 7.
62   http://bit.ly/Z1eHGS : IRDS, UQAM.

s'intéressent à ces petits monstres[63]. Ces enfants-rois devenus des adolescents tyrans sont le pur produit de parents qui ont été incapables de leur dire non, incapables de discipline. C'est comme si papa et maman voulaient tellement respecter l'enfant qu'ils en oubliaient les balises et les limites à poser, et à leur enseigner. Oui, des balises !

Je m'accroche ou je décroche ?
Le décrochage met en péril la vigueur économique du Québec en privant la société québécoise de travailleurs qualifiés[64]. Cet abandon scolaire a un impact considérable sur l'économie. En octobre 2011, dans le cadre des Deuxièmes Rencontres interrégionales sur la persévérance et la réussite scolaire, Lison Rhéaume, directrice d'Emploi-Québec au Saguenay–Lac-Saint-Jean, indiquait que cet impact « se calcule d'abord sur l'individu qui se condamne à un revenu annuel moyen inférieur de 15 000 dollars comparativement à celui des diplômés[65] ».

Les spécialistes comme elle affirment que les décrocheurs sont plus à risque de côtoyer la criminalité. On ne peut faire fi des risques de dépression, d'une santé précaire et d'une piètre qualité de vie : « La dépression nerveuse a 1,7 fois plus d'incidence chez les décrocheurs. 63 % de la population carcérale n'ont pas de diplôme de 5e secondaire. Le décrochage induit donc une hausse de la criminalité. Ces gens qui font face à plusieurs difficultés ont à leur tour des enfants, créant souvent

---

63 Richer, Gilbert, *Par le bout du nez : la psychologie de l'enfant roi et la compétence parentale*, Québec, Les Éditions Option Santé, 2005.
64 http://bit.ly/Z1eROq.
65 Extrait de l'allocution réalisée dans le cadre des Deuxièmes Rencontres interrégionales sur la persévérance et la réussite scolaire, octobre 2011, Centre des congrès de Québec.

un cycle intergénérationnel de pauvreté[66]», estime Lison Rhéaume. Le décrochage scolaire se manifeste surtout dans les secteurs défavorisés même si, oui, des jeunes bien nantis n'en sont plus à l'abri.

Et les parents dans tout ça?
À chacune de mes visites dans des écoles, on me raconte des histoires qui démontrent le peu d'importance que l'on accorde à l'éducation au Québec. Au début de l'année scolaire, dans une école polyvalente de mille trois cents élèves, nous avons invité les parents à rencontrer les enseignants de leurs enfants. Seulement vingt parents se sont présentés. Et les sondages confirment cet état de fait. À la lecture des résultats d'une enquête de 2011, je n'étais pas étonnée de lire que l'éducation ne venait qu'en troisième place des priorités des Québécois, après la santé et l'économie[67]. Pas étonnée, mais toujours secouée.

Tout est interrelié
Un Québec éduqué a de meilleures chances d'être un Québec en santé. C'est ma conviction. Je ne dis pas que nous devons tous avoir un diplôme universitaire en poche. Je n'en ai pas. Mon désir d'apprendre a probablement compensé cette lacune, mais ça ne s'est pas fait tout seul. Oui! Tout est interrelié : le rôle des parents, des éducateurs, de l'entourage, des amis, des employeurs, etc. Mêlons-nous-en!

* * *

---

66 *Ibid.*
67 Sondage Léger Marketing, mars 2011 : http://bit.ly/1qPbh4c, p. 9.

Une amie professeure me raconte qu'elle avait planifié un projet de six semaines dans lequel les enfants devaient photographier, lors d'une sortie scolaire, les plus beaux endroits d'un village. Qui dit sortie scolaire dit évidemment participation des parents. Une vingtaine de coups de téléphone plus tard, aucun retour d'appel des parents, ou des justifications pour se rendre non disponible. Que font les parents? Ils oublient le mode d'emploi de la parentalité ou ne l'utilisent carrément pas. Être parent, n'est-ce pas être disponible? De nombreux parents se perdent dans le travail, et dans le chacun pour soi. Plusieurs d'entre eux ne se reconnaissent plus, sauf dans la superficialité des réseaux sociaux. Les valeurs familiales et spirituelles ont été remplacées par des iPad, des iPhone et des jeux en ligne, etc. Leurs enfants ont compris le message, mais rien d'autre. J'assume ma sévérité.

Nous vivons dans une société du jetable. Trop souvent, des couples se défont et, parmi eux, plusieurs finissent par abandonner leurs responsabilités parentales. Si bien qu'à l'école les professeurs ont fréquemment affaire à des enfants souffrant de graves problèmes de comportement. Des amies professeures me racontent parfois leurs histoires d'horreur. J'ai l'impression qu'elles n'enseignent plus, elles ne font que de la discipline.

Un de ces trop nombreux exemples me fait grincer des dents: dans une classe de quatrième année, non seulement une fillette est en retard tous les matins, mais lorsqu'elle arrive elle attire l'attention par toutes sortes de grimaces, en plus de négliger fréquemment de remettre ses devoirs. Ce qui dérange momentanément toute la classe. Mon amie enseignante, appuyée par la directrice de l'école, a tenté en vain de rencontrer la mère. Finalement, le chat est sorti du sac. La pauvre mère s'est reconnue coupable des retards de sa fille prétextant qu'elle était mal organisée dans sa vie, qu'elle était seule à élever ses trois jeunes enfants puisque le père était parti vivre en Afrique avec sa nouvelle flamme. Pourquoi les parents et les enseignants ne redeviennent-ils pas des alliés, plutôt que des adversaires ?

Par ailleurs, la docteure Christiane Laberge, chroniqueuse santé au 98,5 FM, lance fréquemment des cris d'alarme relativement aux enfants qui souffrent de troubles envahissants du développement (les TED), aux ressources scolaires trop limitées et à l'attente pour une consultation chez un spécialiste qui peut s'éterniser jusqu'à trois ans. Pendant ce temps, ces pauvres enfants provoquent des ravages dans leur classe. En 2014, elle criait carrément à l'urgence de la situation. Ai-je besoin d'en écrire plus sur le sujet ?

Fort heureusement, il existe de formidables collaborations entre parents et enseignants. Ainsi, une autre amie enseignante compte plusieurs élèves à problèmes dans sa classe. Néanmoins, trois jours par semaine, elle reçoit l'aide d'un parent, surtout des mères qui, assises sagement au fond du local, surveillent de près les comportements des enfants. Enfin ! L'enseignante peut mieux se consacrer à ce pour quoi elle est payée : enseigner.

Tout le monde s'entend pour dire que la famille doit donner l'exemple. À l'école primaire, j'avais beaucoup de difficultés avec les chiffres. Mes parents m'ont encouragée à suivre des cours complémentaires de mathématiques afin que je puisse suivre un peu mieux en classe, et ainsi moins déranger le professeur. Et oui ! J'étais une enfant trop enjouée, surtout quand la matière m'intéressait plus ou moins. Si j'étais née dans les années 1980, on m'aurait probablement prescrit du Ritalin. Un sondage Léger Marketing sur les familles québécoises, dont les résultats ont été dévoilés en juin 2012, nous apprend avec désolation, mais sans grande surprise, que « les deux tiers des gens au Québec vivent dans une famille dysfonctionnelle. Pire, 45 % des gens ont subi personnellement un des 9 préjudices majeurs. Que ce soit des problèmes de décrochage ou d'échecs scolaires, d'alcool, de toxicomanie, de violence physique ou verbale, de santé mentale, de sévices sexuels ou encore de démêlés avec la justice[68].» Imaginez, plus du quart des Québécois ont un niveau de stress tel qu'ils devraient consulter un spécialiste.

Et de conclure : « ... c'est surtout l'éclatement de la famille qui crée des conditions perdantes pour plusieurs Québécois. Aujourd'hui, on ne demande plus aux parents combien ils ont d'enfants, mais aux enfants combien ils ont de parents. »

Que d'encouragement pour la relève professorale qui, malheureusement, commence déjà à faire défaut !

Je ne vous cacherai pas mon inquiétude de voir autant d'enfants malheureux parce qu'ils ont des parents à temps partiel ou encore divorcés. Les professeurs le ressentent dans les écoles, leur travail devient de plus en plus difficile. Je ne sais pas si c'est relié, mais après les cinq premières années de métier, 20 % des nouveaux enseignants quittent la profession[69].

---

68 http://bit.ly/1B2S6aw.
69 Maranda, Marie-France, *L'École en souffrance : psychodynamique du travail en milieu scolaire*, Sainte-Foy, Presses de l'Université Laval, 2011.

Je le répète, tout est interrelié. Pas étonnant que l'on trouve de plus en plus d'enfants violents dans les écoles. Une amie professeure qui a trente ans de métier m'affirmait qu'elle est désormais capable de cibler les futurs délinquants dès leur première année du primaire. Elle les remarque tout de suite, antisociaux, *multipoqués*, futurs agresseurs ou victimes à venir. Tous risquent de mal tourner. La majorité d'entre eux ne s'en sort pas, ou si peu. Les troubles graves de comportement apportent leur lot d'horreur dans certaines écoles.

Certains professeurs se font injurier, bousculer et même mordre par des élèves. Un professeur de première année a reçu une chaise par la tête. Une autre s'est fait tasser dans un coin par trois élèves de sixième année. Ils sont de tous les combats. Mais pas combattants. Et ces enfants sont combattants. Mais très compromis. Ces enfants hypothéqués porteront des bagages qui les suivront jusqu'à l'âge adulte. Certains s'amélioreront, d'autres pas. Vite ! Une classe de Répit-Transit !

J'aurais moi aussi pu faire partie de ces ados qui tournent mal. Qu'est-ce qui a fait la différence ? Ma passion et ma détermination à vouloir m'informer, communiquer ? Ma rage de vivre ? J'ai mis un pied devant l'autre et j'ai continué ma route. Tout comme Richard Desjardins de Kekpart, le sport a aussi contribué à me sauver de la délinquance. J'ai eu la chance de voir plusieurs opportunités se présenter à moi. J'ai accepté de les prendre, parfois alors que j'étais acculée au pied du mur.

Par exemple, dans la mi-vingtaine, le mouvement des Alcooliques Anonymes est venu à ma rescousse.

Sans entrer dans les détails de ce malheureux épisode de ma vie, il m'arrivait souvent de prendre un verre de trop. Après six ans de réunions AA, j'en ai déduit que je n'étais pas vraiment alcoolique, mais que j'avais une propension très forte à aimer les bons vins. Vous ne me ferez pas boire de la piquette. J'ai toutefois conservé précieusement le mode de vie des AA et j'ai fait de la *Prière de la Sérénité* mon mantra.

Les voyages forment la jeunesse

Il faut dire qu'à seize ans, j'avais déjà traversé l'Atlantique à quelques reprises. 1967! L'année de l'Exposition universelle. Cette année-là allait mettre au monde un nouveau Québec... L'une de mes matières préférées à l'école était la géographie. Cet été de rêve-là, j'ai jeté ma première ancre sur l'île Notre-Dame, ma deuxième sur l'île Sainte-Hélène, et j'ai visité les pavillons du monde entier, décuplant ainsi mon goût de voyager, de partir vers les contrées les plus repoussées de la planète.

Voir le monde et dire ce qui s'y passe, c'est ce que je me suis appliquée à faire grâce à mon premier grand voyage, en 1974, quelques mois après ma séparation. J'ai alors entrepris de faire le tour de l'Europe seule, en autostop, chose presque impossible aujourd'hui. Il me fallait tourner la page sur une facette de ma vie[70]. J'avais un budget très limité m'obligeant à fréquenter les auberges de jeunesse et à m'alimenter sommairement. Mais je suis convaincue aujourd'hui que toute cette frénésie du voyage (visiter les grandes villes européennes, fréquenter de jeunes voyageurs de tous les continents, travailler quelques jours dans des boulangeries ou des fermes) m'a évité de céder à la peur du risque.

---

70 Voir le chapitre « Les deuils », p. 187.

Cette aventure de jeunesse a été un facteur déterminant dans mon profond désir de devenir journaliste.

Droit de Cité, un facteur déterminant

En 2012, on m'a offert d'animer une émission de débats sur les ondes de la station de radio CIBL-FM, avec des jeunes qui représentaient la relève en communication, en journalisme ou en droit. C'était pour moi une occasion formidable de renouer avec ce média, tout en servant une bonne cause.

Un soir de mai 2013, le nom de l'émission *Droit de Cité* a pris une signification bien particulière, car au Québec, l'expression *droit de cité* signifie entre autres que les personnes itinérantes ont le droit d'occuper l'espace public[71].

La radio CIBL est située dans le nombril de la métropole, au coin des rues Saint-Laurent et Sainte-Catherine. Un endroit que je ne fréquente pas souvent. Je vis à la campagne depuis ma retraite de TVA, et je m'en porte très bien. La faune citadine et éclectique, surtout dans cette zone particulièrement dense et mouvementée de la ville, m'effraie quelque peu. J'ai toutefois un peu de difficulté à dire non aux projets qui touchent la relève. Chaque occasion me fait autant d'effet que l'atteinte d'un sommet pour l'alpiniste. J'imagine que ma fibre maternelle ou mon petit côté enseignant sont ravis de pouvoir transmettre mes valeurs, mes expériences et mes expertises.

Je marchais donc allègrement vers la station de radio, mais j'étais de plus en plus consternée par la misère et la souffrance qui se reflétaient dans les

---

71 Charte des droits et libertés de la personne, chapitre C-12, gouvernement du Québec, 2012.

regards, les gestes, les habillements. Ce soir-là, le paradoxe était frappant. Dehors, des jeunes désespérés de leur sort se cherchaient dans des paradis artificiels, la main tendue vers une hypothétique, mais non moins souhaitée, générosité des passants. Il ne me restait que quelques mètres à franchir avant d'arriver à destination, lorsque je vois un homme gisant au sol, inconscient, avec à ses côtés son chien fidèle et un semblant d'ami qui le soutenait par le cou. La plupart des piétons poursuivaient leur chemin sans se préoccuper de ce corps inanimé. Ne faisant ni une ni deux, je compose le 911, tout en demandant à l'aidant ce qui avait terrassé son copain. De toute évidence, ils étaient des habitués de la rue, lieu devenu leur refuge pour toutes sortes de bonnes et, surtout, de mauvaises raisons. Après quelques minutes, le compagnon de la victime me dit froidement, mais poliment, qu'il prenait les choses en main et que je pouvais partir.

C'était aussi la fin d'une semaine passablement houleuse pour Montréal : interruption du service de métro à deux reprises, problème d'eau contaminée pendant quarante-huit heures et des cônes orange partout dans la ville, provoquant de considérables bouchons de circulation.

De la désespérance à l'espérance

Me voici donc à l'intérieur de la station CIBL-FM, dans un tout autre monde, celui qui a de l'avenir, celui qui voit devant, celui qui n'a peut-être pas vécu les mêmes horreurs ou les mêmes gifles que ceux que je viens de croiser dans la rue. Je pense à ces deux jeunes itinérants rencontrés par un drôle de hasard et j'ai de la peine rien qu'à imaginer les raisons pour lesquelles ils ne croient plus en eux. À mon oreille résonne encore la voix déchirante du désespéré me dire que « tout est d'la *marde* ».

En studio, les émotions étaient diamétralement opposées. Le plaisir se lisait dans les yeux de ces jeunes qui débattaient de grands enjeux de société. Encore une fois, je me sentais investie d'une certaine responsabilité. Je tentais de les amener à croire en leur potentiel, à oser vivre leurs rêves. Chacun d'eux a probablement vécu ou vivra, à un moment donné, un doute qui peut tout faire basculer. Moi-même, j'ai eu des doutes à de multiples reprises ; trop fréquentes à mon goût. J'ai même parfois souffert du syndrome de l'imposteur, mais la battante en moi a toujours refait surface et c'est cette capacité à reprendre le dessus que je tiens absolument à transmettre à mes jeunes, mes protégés, ma relève. Parfois, j'avoue que cette relève est loin d'être évidente à suivre. Certainement que nos parents n'en pensaient pas moins de nous.

On n'a plus les enfants qu'on avait...

De génération en génération, on répète inlassablement qu'*on n'a plus les enfants qu'on avait*. C'était vrai hier, c'est vrai aujourd'hui et ce sera vrai encore demain. En 2008, Léger Marketing publiait une vaste enquête sur le choc des générations[72]. Cette enquête pourrait facilement avoir les mêmes résultats en 2014.

Les baby-boomers y dressaient un portrait sévère des générations X et Y : des jeunes impolis, paresseux et égoïstes.

Ce qui est ressorti du sondage : « Les baby-boomers n'en finissent plus de ne pas partir selon une

---

72   http://bit.ly/1u7Leoo.

majorité de jeunes qui, bien sûr, ont une conception bien différente de la vie. Des accrochages fréquents entre les générations se retrouvent par exemple dans la philosophie du travail, dans le temps et l'énergie que l'on veut accorder au travail, dans la fidélité envers une entreprise[73].»

Combien de fois ai-je entendu des commerçants me dire qu'il est devenu très difficile d'embaucher des jeunes. Françoise Desnoyers, ma coiffeuse, m'a fait rire jaune, je l'avoue, en me racontant qu'une candidate ne voulait travailler ni le vendredi soir ni le samedi. Je manque de mots pour commenter ces exigences. Quel salon de coiffure pourrait se permettre de respecter ces horaires sans mettre la clé sous la porte dans les semaines qui suivent? Pourtant, Françoise est un modèle de passion et de détermination, car même après quarante ans de coiffure, elle se fait un devoir de participer à tous les congrès afin de rester moderne, de se mettre au goût du jour et de transmettre son expertise aux jeunes coiffeuses du salon.

La guerre contre les parents et contre l'autorité
Parallèlement à l'enquête de Léger Marketing, le *Journal de Montréal* avait organisé une table ronde de baby-boomers sur le choc des générations à laquelle j'ai eu le plaisir de participer. Les comédiens Luc Senay, Marie Eykel et JiCi Lauzon admettaient, tout comme moi, que notre génération avait commis des erreurs. Parmi elles: permettre à nos jeunes de devenir nos amis. Ils tutoient même leurs professeurs! Entrer dans un commerce et me faire interpeller par un «Qu'est-ce que je peux

---

73   Enquête sur le choc des générations, 2008: http://bit.ly/1vVBqis.

faire pour toi ? » me donne la nausée. J'ai toujours
envie de répondre : « Est-ce qu'on a trait les vaches
ensemble ? », en souriant bien sûr !

Les règles de bienséance et le respect à l'égard
de l'autorité se sont également perdus. On a démo-
cratisé la société à un point tel qu'il est devenu
impossible de faire la distinction entre une tenue
gala et un habit de tous les jours, par exemple.

La meilleure place pour constater ces dégâts
se trouve sur un terrain de golf. Ce sport a vécu sa
grande démocratisation au début des années 1990.
Il est devenu si populaire vers l'an 2000 que l'on
pouvait jouer au Québec sur plus de 360 terrains.
On a ouvert les portes à tous et, par conséquent,
on a laissé aller quelques règles d'éthique, notamment au niveau de l'habillement. Des raisons bud-
gétaires forcent également des clubs à plier devant
n'importe qui. Il est dorénavant fréquent de voir
des golfeurs se comporter exactement comme dans
la société, avec un manque de respect à l'égard
d'autres joueurs.

Bref, ce genre d'attitude se répercute dans tous
les domaines. Les plus jeunes n'ont plus de points
de repère. Certaines valeurs transmises par les
générations précédentes ont été abandonnées et
n'ont pas été remplacées.

L'enquête sur le choc des générations nous
apprenait également que les plus jeunes refusent
les inégalités et les critiques. Dans les écoles, par
exemple, plus personne n'échoue. Les professeurs doivent s'adapter aux besoins particuliers de
chaque élève, et non l'inverse. Un jour, une amie
directrice d'école et moi avons croisé le fer. Elle s'insurgeait contre l'invention des Grecs, les Jeux olympiques, qui, selon elle, encouragent la compétition

entre humains. Pire encore, elle m'informait qu'elle faisait partie du comité qui avait prôné l'égalité entre tous les élèves. Il ne fallait pas bousculer ces pauvres choux! Pourtant, quoi de plus faux que de croire que tout le monde est égal? Je suis tombée en bas de ma chaise d'entendre pareille ineptie et je n'en croyais pas mes oreilles de constater que les enfants québécois risquaient d'être, un jour, marginalisés à cause de réformes aussi insipides et, à mon avis, dangereuses. Notre amitié fut de courte durée.

Il est toutefois rassurant de découvrir, de temps en temps, des démarches qui s'opposent à la bêtise humaine. En 2011, des enseignants au collégial signaient un manifeste[74] révélant leur exaspération de devoir niveler par le bas pour satisfaire les fantaisies des étudiants et des parents. «Non aux diplômes à rabais, non à la quantité de diplômés au détriment de la qualité des diplômes, non à la paresse intellectuelle», martelaient-ils. J'adhérais totalement aux messages de ces enseignants. Je voyais dans ce manifeste un esprit critique très constructif et un appel au secours de toute une génération. Avoir l'esprit critique, c'est vivre les yeux ouverts, c'est avoir la capacité de s'interroger de façon rationnelle sur ce qui nous est soumis. C'est refuser ce qui, à nos yeux, est indéfendable. Quand on me demande ce qui me déplaît le plus dans la vie, je réponds sans hésiter: la bêtise humaine. Bien sûr, je ne suis pas immunisée contre la bêtise qui m'habite parfois, moi aussi, mais au moins j'en suis consciente. Je peux paraître sévère et peut-être même injuste en vous soumettant des exemples

---

74   Manifeste pour un Québec éduqué, juin 2011: http://bit.ly/VWBAcj.

négatifs, mais croyez-moi, l'unique objectif se veut plus stimulant que décourageant.

« Quand on est jeune,
on a des matins triomphants. »

Victor Hugo

Regarder la relève s'activer, cheminer, évoluer, poursuivre sensiblement le même chemin que moi, pour certains sans nécessairement faire les mêmes erreurs, me conforte dans ma démarche de donner un coup de pouce, d'écrire ces pages. Aussi, je ne condamne aucune des mésaventures racontées et j'apprécie la confiance que chacun de mes jeunes m'accorde.

Plusieurs années me séparent d'eux et pourtant, lorsque nous échangeons, je me sens près de leurs états d'âme et je n'ai pas l'impression que nous sommes à mille lieues de nous comprendre. À travers toutes ces expériences, je saisis que la vie m'invite à être plus conciliante et plus tolérante à l'égard de quelques petits détails qui m'agacent, comme la maudite casquette que certains garçons gardent sur leur tête même à table ! Lorsque des accrocs aussi insignifiants me heurtent, je me répète : « Jo-ce-ly-ne, choisis tes batailles ! »

En toute humilité, accepter de me livrer ainsi relève aussi de ces choix. Chacun de nous peut avoir ses matins triomphants, mais il ne suffit pas que d'y croire. *Ça prend tout un village pour éduquer un enfant*, aurait pu nous dire le grand-père de l'humoriste Boucar Diouf, qui lui aussi, à sa façon, nous propose des changements dans notre comportement. J'ose penser que ma petite contribution pour la suite du monde secouera un peu les puces de l'indifférence. Je sais aujourd'hui que, parfois, il faut ne pas se mêler de ses affaires ! C'est ça aussi, oser déranger !

Je me responsabilise, tu te responsabilises, nous nous responsabilisons

« — C'est le temps que tu as perdu pour ta rose qui fait ta rose si importante. — C'est le temps que j'ai perdu pour ma rose… fit le petit Prince, afin de se souvenir. — Les hommes ont oublié cette vérité, dit le renard. Mais tu ne dois pas l'oublier. Tu deviens responsable pour toujours de ce que tu as apprivoisé. Tu es responsable de ta rose… — Je suis responsable de ma rose… répéta le petit Prince, afin de se souvenir. »

Antoine de Saint-Exupéry, *Le Petit Prince*

J'adore prendre des responsabilités. Je me sens vivante, utile. Au primaire, lorsque la maîtresse me demandait de m'occuper du tableau, soit le nettoyer, m'assurer qu'il y avait des craies et effacer les notes, mon cœur battait la chamade. *Idem* lorsque, à la chapelle du pensionnat, sœur Ignace de Loyola me choisissait comme lectrice attitrée à la messe de 6 heures… du matin. Ce type de responsabilités me donnait l'impression très nette d'exister, d'être reconnue. J'avoue avoir grandement souffert d'une forte carence de ce côté. Encore aujourd'hui, ce besoin d'être engagée dans une activité me rassure, me conforte.

De la responsabilité à la responsabilisation

Le terme « responsabilité » prend toutes sortes de visages : responsabilité individuelle, responsabilité collective, transparence, éthique, justice, gouvernance. Ces mots-clés raisonnent différemment selon la morale des uns et la conscience des autres.

Depuis quelques années, ce terme semble être en voie d'extinction. Parfois, certains évitent même de s'avouer responsables lorsque des tragédies se produisent. On montre souvent du doigt l'autre département. *Ce n'est pas ma faute*, entend-on fréquemment. On ne veut plus de coupable.

Malheureusement, les plus jeunes nous regardent vivre, scrutent les exemples publics et constatent que même dans des cas graves, la responsabilité et l'imputabilité ne sont pas au rendez-vous. Un très mauvais message à envoyer à la relève.

Une amie enseignante s'arrache les cheveux chaque fois qu'elle voit un parent s'insurger contre un professeur qui a osé sévir contre son enfant, parce que ce dernier refusait de prendre sa part de responsabilité après avoir fait une grosse bêtise. Cet enfant qui crie « C'est pas moi madame ! » a certainement un mauvais exemple sous les yeux, quand ses parents lui apprennent à éluder ses responsabilités. Ces histoires me font bondir chaque fois !

L'apprentissage de la responsabilisation commence bien sûr à la maison. Maman, papa et les enfants, tous doivent prendre leur part de responsabilité.

Pour certains parents, ce n'est pas évident. Les deux travaillent, ou le couple est séparé. Les femmes, de plus en plus autonomes, ont envie de faire carrière. Même si je suis féministe, je ne peux ignorer le changement de statut radical des femmes au tournant des années 1970. Il a bouleversé la vie familiale.

Être féministe, c'est être responsable

Les longues batailles féministes peuvent paraître ringardes, pourtant, les femmes doivent demeurer vigilantes si l'on en croit les nombreux cas de discrimination au travail dans certains *boys clubs* résistants. Parmi les milieux réfractaires aux femmes, il y a celui de la construction.

À l'été 2012, je me suis approchée d'un gros chantier montréalais. J'y voyais une femme travailler, entourée de trois ou quatre de ses camarades. Leurs commentaires envers leur consœur m'ont rappelé l'époque où j'étais journaliste à la radio de CKAC. Un de mes collègues, fort de la présence des autres mâles dans la salle des nouvelles, avait lancé avec vulgarité, dans un but évident de me narguer, que pour lui *les femmes étaient toutes des trous*. Ma réplique fut cinglante et tout aussi vulgaire que son commentaire.

Encore aujourd'hui, je me demande pourquoi il a fallu cet incident de mauvais goût pour que les collègues daignent enfin me considérer comme un «gars de la gang», comme on dit souvent dans les *boys clubs*.

Ce journaliste a depuis fait amende honorable. Ce qui n'est pas rien! Il m'avait insultée et il a pris ses responsabilités ; sans le savoir, il m'a appris que s'excuser ne tue personne, bien au contraire.

Plus ça change, plus c'est pareil

Dans le domaine de la construction, la place des femmes est à l'étude aujourd'hui. Différents rapports d'organisations féministes ont permis de mettre au jour différents constats.

Tout d'abord, les femmes se plaignent fréquemment de se faire regarder comme une pièce de viande. Mais les employeurs et les syndicats ne viennent même pas à leur rescousse[75], ce qui nous permet d'en déduire que la responsabilisation ne fait pas partie de leur boîte à outils. On comprend mieux aussi que, parfois, la détermination individuelle n'est pas suffisante. Ce n'est tout de même pas pour rien que les syndicats existent ! Dire que nous sommes au xxie siècle ! Alors, s'il vous plaît messieurs, prenez vos responsabilités et défendez vos membres et vos employées comme il se doit.

Le Conseil d'intervention pour l'accès des femmes au travail (CIAFT) a encore du pain sur la planche. Selon les statistiques, les femmes formaient à peine 1,3 % de la main-d'œuvre du secteur de la construction au Québec en 2011, soit 2 067 femmes sur 159 166 travailleurs[76]. Souvent, le jour, elles font face à des préjugés tenaces de la part de leurs confrères, employeurs ou syndicats et, le soir, plusieurs d'entre elles doivent, en plus, tenter de concilier leur vie familiale avec leur vie professionnelle, ce qui pour moi est carrément un exploit.

---

75 Conseil d'intervention pour l'accès des femmes au travail (CIAFT), *Quand la détermination ne suffit pas*, 2012 : http://bit.ly/VYEAFj.
76 *Idem*, p. 12.

Ce qui me désole aussi, c'est de lire dans ce rapport que le Québec est la pire des provinces canadiennes en termes d'embauche féminine dans le domaine de la construction.

Difficile de devenir responsable

Pour concilier le travail et la vie de famille, il n'y a pas de secret : il faut être extrêmement passionné, très bien organisé (ce que je n'étais pas plus jeune) et formidablement responsable.

Dans ma vie de jeune adulte, je ne cultivais pas tellement le sens des responsabilités familiales. En 1972, de mon union avec Robert est né un garçon, Patrick. Mais mes folies de jeunesse me réservaient une surprise. À sept mois de grossesse, trente-cinq heures de contractions toutes les cinq minutes, je peux prétendre que j'ai connu un avant-goût de la maternité. Comme si le sceau de la maternité se méritait par les années !

Et puis, une semaine après l'accouchement, probablement parce que ma destinée me voulait ailleurs que dans un rôle de mère de famille, Patrick n'a pas survécu à cette arrivée trop hâtive. Vous dire la culpabilité que j'ai vécue à ce moment-là, gonflée par l'attitude méprisante de ma belle-mère qui, dès le départ, n'avait pas accepté ce mariage ; je n'étais que l'ombre de moi-même.

Écart de conduite

L'époux d'alors ne m'a pas pardonné ma *délinquance* durant ma grossesse. En apprenant que j'étais enceinte, j'avais entrepris de faire un dernier voyage de *vie de fille* avec une amie plutôt que de me préparer à devenir une bonne maman. Ce séjour s'est prolongé au-delà de l'entente forcée avec mon époux.

Le but n'est pas ici de me disculper ou de me justifier. Mais mariée trop jeune – à dix-neuf ans –, la mort dans l'âme et dans le couple, il devenait de plus en plus ardu de prendre mes responsabilités d'épouse. J'étais malheureuse comme les pierres avec cet homme que je préférais voir sur les pistes de ski plutôt que dans le lit conjugal.

Patrick, qui portait le prénom de mon cousin préféré, fut enterré dans le mausolée familial de mon mari au cimetière Notre-Dame-des-Neiges, et la cérémonie se déroula sous les regards assassins de ma belle-mère et de mon conjoint.

Avec le recul, j'ai la ferme conviction que la conciliation travail-famille – une expression qui n'existait pas encore dans les années 1970 – aurait été un fardeau trop lourd à porter pour moi. Aussi, je me souviens de m'être mordu les pouces après avoir refusé ce qui aurait été mon premier emploi, à la radio de Gravelbourg en Saskatchewan. Je venais à peine de dire oui pour le meilleur et pour le pire à Robert et, à cette époque, qui prenait mari prenait pays. L'inverse se voulait assez invraisemblable. De telles pensées de ma part donnaient un signe quasi évident que ce mariage, à dix-neuf ans, se révélait une magistrale erreur. Même mon directeur d'école de ski, Guy Normandin, m'avait fait une remarque assez singulière sur le perron de l'église, le jour J : « Ça ne durera pas, hein Jocelyne ! »

L'obligation d'être performant,
l'obligation de se responsabiliser
Aujourd'hui, les hommes et les femmes capables de concilier travail-famille m'impressionnent, mais me laissent aussi songeuse. Je rencontre

fréquemment des *supermen* et des *superwomen* qui m'avouent se perdre dans le travail, dans l'obligation d'être performants, et oublient leurs responsabilités familiales. D'autres, des amies séparées, osent me parler de leur grande culpabilité parce qu'elles estiment avoir failli à leurs responsabilités parentales au profit ou à cause de leur carrière. Vous vous en doutez, la culpabilité est l'une de mes spécialités[77]...

Je suis responsable, mais ailleurs!

Un matin à la salle de maquillage de TVA, la comédienne Marina Orsini m'avait un peu scandalisée en me racontant qu'à la garderie de son enfant, la directrice se voyait obligée de fermer deux semaines par année pour les vacances d'été afin, disait-elle, *que les parents prennent leurs enfants à temps plein durant ces quinze jours.* Marina réagissait à mon sujet du jour à l'émission *Dans la mire.com,* voulant que les CPE allaient désormais offrir le petit-déjeuner aux enfants parce que papa et maman n'avaient pas le temps ou ne prenaient pas le temps de servir le premier repas de la journée au petit. Tout le monde dans la salle de maquillage était absolument choqué de voir que des parents perdaient de vue leurs responsabilités parentales. J'avoue que c'était un jugement lourd de ma part, j'en conviens. Il est vrai, aussi, que certains enfants n'ont rien à manger à la maison, ce qui me semble intolérable.

Je suis convaincue que l'amour, la patience, la tolérance, la communication et la présence parentale sont indissociables du sens des responsabilités. Mais

---

77   Voir le chapitre «Ma mère», p. 161.

au fil du temps, ces qualités se sont transformées en denrées rares dans certaines familles. D'accord, je ne suis pas une spécialiste, ni une psychologue, mais j'ai tout de même du vécu et j'observe.

Et qu'arrive-t-il aux enfants lorsque les parents décident de se quitter? Les statistiques parlent d'elles-mêmes : un couple sur deux se sépare. Immanquablement, les professeurs ressentent le malaise des enfants, vivent la confrontation avec les parents et leur travail devient de plus en plus difficile. Fréquemment, on les entend se plaindre qu'ils n'en peuvent plus et que leurs responsabilités deviennent trop lourdes à supporter.

Il est vrai que la situation a radicalement changé depuis les vingt dernières années. Je suis persuadée que les multiples réformes en sont les principales responsables ; chaque ministre de l'Éducation veut faire sa marque ! Les innombrables compressions aussi, alors que l'éducation devrait être considérée comme un investissement et non une dépense – parce qu'il se trouve de plus en plus d'enfants ayant de graves problèmes de comportement ou d'apprentissage. Certainement que dans ces différents contextes, des parents n'ont pas pris leurs responsabilités au sérieux. Nous en payons la note à l'heure actuelle, et je prédis que ce n'est pas fini.

En veux-tu? En v'là!
Selon le *Petit Larousse*, «une responsabilité est une obligation de réparer une faute, remplir une charge, un engagement. Une responsabilité civile est une obligation de réparer le préjudice commis à autrui par l'inexécution d'un contrat ou toute action dommageable commise par soi-même». Un responsable,

quant à lui, est celui qui doit répondre de ses actes ou de ceux des personnes dont il a la charge !

Comme animatrice, avec mon équipe je me faisais un devoir d'étaler sur la place publique tous les cas de déresponsabilisation qui pouvaient avoir des conséquences sur les citoyens. C'est l'Institut de la gestion financière du Canada qui m'a en quelque sorte forcée à pousser plus loin ma réflexion sur la responsabilisation.

En 2006, cette organisation bénévole de gestionnaires de fonds publics m'a invitée à donner une conférence dans le cadre de leur congrès annuel. Le thème, *Pleins feux sur la responsabilisation*, se voulait le reflet de leurs défis communs pour les années à venir dans l'ensemble de la fonction publique, tant au municipal qu'au provincial ou au fédéral. Tout un défi !

Je me souviens des réactions quelque peu coincées à l'écoute de ma conférence, surtout lorsque je mettais le doigt sur des cas évidents de déresponsabilisation ; des thèmes que je connaissais pour les avoir mis sous la loupe de mon émission de télévision. Je vous en soumets quelques-uns.

J'ai rien à voir là-dedans !

En 2000, pendant la construction du viaduc du Souvenir à Laval, des poutres sont tombées sur une voiture, faisant un mort et deux blessés. Ce drame m'avait particulièrement touchée parce que l'une des victimes de cet accident est un ami de jeunesse. Marc a survécu, non sans séquelles. Au fil des ans, j'ai vu toute l'énergie qu'il a déployée pour recevoir une juste indemnisation. Peine perdue.

Ni la Ville de Laval, ni les ingénieurs qui ont conçu les plans et devis, ni le ministère des Transports et la compagnie exécutante n'ont été tenus responsables de l'effondrement. Cet incident a été bêtement considéré comme un accident de la route, payé selon les normes de la SAAQ, soit quelques milliers de dollars. Et tout aussi choquant, il a perdu la possibilité de poursuivre au civil ou au criminel.

En septembre 2006, le viaduc de la Concorde à Laval s'est effondré, emportant avec lui cinq personnes et faisant six blessés. Après enquête, les ministres de l'époque ont bêtement déclaré que le but n'était pas de trouver des coupables, mais plutôt de chercher des moyens pour ne pas répéter les mêmes erreurs.

En 2007-2008, les bourses s'effondrent. La Caisse de dépôt et placement du Québec, le bas de laine des Québécois, engloutit plus de 40 milliards de dollars dans le papier commercial. Où sont les responsables ? Où sont les gens imputables de ces mauvais placements ? Le président de l'époque, Henri Paul Rousseau, a quitté la Caisse avec en poche une indemnité de départ de plus de 380 000 dollars[78]. Non seulement il n'admettait en rien sa responsabilité dans la déconfiture de la Caisse, mais en plus, on lui donnait une prime au mérite.

La gravité de ces cas devrait nous choquer, nous secouer et nous donner le goût de nous battre et d'oser dire non à tous ces abus. Mais je constate une fois de plus que, trop souvent, nous sommes dans la cour du *laisser-faire*, du *ça ne changera rien*.

Norbourg ou la mort dans l'âme
À l'aube de l'an 2000, une calamité financière s'est abattue sur le Québec. En tout, 9 200 investisseurs

---

78 http://bit.ly/1ouPolq.

ont été victimes d'un sombre individu, Vincent Lacroix. Jamais une tragédie n'avait changé la vie d'autant de Québécois d'un coup. Le 25 août 2005, ces milliers d'épargnants ont découvert qu'un escroc avait détourné leurs économies : 145 millions de dollars perdus. Il était triste et révoltant d'entendre des témoignages de victimes qui devaient retourner sur le marché du travail après avoir pris leur retraite, ou encore des gens qui malheureusement n'ont pas eu la force de passer au travers de cette tragédie.

Ce qui me tue dans cette histoire qui a meublé les manchettes pendant des mois, c'est qu'à part Vincent Lacroix, qui a été reconnu coupable, personne d'autre n'a admis sa responsabilité. Une entente à l'amiable au tournant de 2009 a cloué le bec à ces investisseurs, leur permettant ainsi d'être dédommagés. Les institutions ciblées[79] acceptaient de payer, mais pas question pour ces instances mises en cause d'admettre leur responsabilité et encore moins leur imputabilité. Impossible d'accuser les responsables.

Moi aussi, j'y ai goûté
Dans les années 1980, épargner ne faisait pas partie de mes priorités. J'étais à Télé-Métropole depuis à peine deux ans lorsqu'un planificateur financier, qui présentait sa chronique le samedi dans le cadre d'une émission de services, nous a offert à mes collègues et moi de placer de l'argent dans une société en commandite. Je n'avais pas un sou. « Pas de problème, madame Cazin. Vous empruntez

---

79   L'Autorité des marchés financiers, la Caisse de dépôt et placement, KPMG, Beaulieu Deschambault, The Northern Trust et la société de fiducie Concentra.

et vous placez votre emprunt», m'a-t-il répondu. Quelle mauvaise idée! J'ai appris à la dure qu'il n'y a rien de pire que de vouloir gagner de l'argent sur celui qui ne nous appartient pas. Nous avons tous perdu nos économies durement gagnées. Par contre, je n'avais pas perdu l'obligation de rembourser mon emprunt! Et loin de moi l'idée de faire faillite après un mauvais placement. Alors j'ai remboursé mes dettes. Cela faisait partie de mes responsabilités.

Le planificateur financier, LUI, s'en est tiré à très bon compte; tous ses placements étaient au nom de son épouse! Je déteste avoir le sentiment de me faire avoir. Cette affaire n'avait pas l'envergure du scandale Norbourg, mais elle m'a servi de leçon et m'a permis d'avoir les yeux plus ouverts sur d'éventuels malins. Mon côté Robin des Bois venait ainsi de naître et allait être comblé quelques années plus tard...

> «La confiance ne se réclame pas,
> elle se gagne.»
>
> Marc Goldstein

Je me suis fait rouler à quelques reprises dans ma vie, mais ma grande gueule a heureusement souvent sauvé les meubles. En 1992, j'ai entrepris de rénover ma cuisine. Deux cravatés arrivent chez moi, armés d'arguments pour me vendre leur cuisine dite «de rêve». J'avais averti les vendeurs qu'ils devaient quitter les lieux avant 19 heures, puisque je devais être à TVA dès 2 heures du matin.

Les salauds ont réussi à m'accaparer jusqu'à 20 h 30, contrat signé, pour une cuisine de près de 15 000 dollars.

À mon réveil, beaucoup trop tôt, j'étais comme un chien enragé. J'avais le sentiment de m'être fait avoir. Jamais l'attente de l'heure d'ouverture des bureaux ne m'avait parue si longue. Lorsqu'il m'a entendue, le propriétaire du magasin a réalisé qu'il n'avait pas d'autre choix que de déchirer le contrat sur-le-champ. « Madame Pitbull » venait de naître.

« Bon menteur, bon vendeur[80] »

Les huit années que j'ai passées à *J.E.*, où l'on débusquait les malfrats de ce monde, m'ont fait voir le mauvais côté de l'être humain, notamment lorsqu'il s'attaque aux plus démunis, particulièrement aux personnes âgées. Elles sont plus vulnérables, plus timides à dénoncer. Elles ont peur d'éventuelles représailles. Elles sont souvent moins bien informées sur leurs droits.

Des organismes comme la Fédération de l'âge d'or font leur possible pour inciter les aînés à demeurer sur leurs gardes. Mais lorsque l'abus vient d'un professionnel... Comment s'imaginer par exemple qu'un notaire, VOTRE notaire, puisse vous arnaquer de plusieurs dizaines de milliers de dollars ? À *J.E.*, nous avons fait état de quelques cas d'abus de la part de cols blancs. Malheureusement, cette minorité de pourris a ruiné pendant un certain temps la réputation d'une majorité d'incorruptibles.

Pendant toutes mes années à cette émission d'affaires publiques, je n'ai eu aucune gêne à dénoncer les profiteurs qui s'en prenaient aux personnes âgées. M. et Mme Gervais, de charmants voisins qui n'auraient pas fait de mal à une mouche, se

---

80 Réplique entendue à *J.E.* de la part d'un malin.

sont fait avoir par un vendeur d'abris d'auto. Ils ont tenté d'obtenir un remplacement ou un remboursement de l'abri défectueux par la compagnie. Peine perdue. Le propriétaire leur a inventé une histoire qui n'avait ni queue ni tête. Je m'en suis mêlée et, comme par hasard, quelques jours plus tard, l'abri avait disparu et le chèque de remboursement était dans la boîte aux lettres des Gervais.

Si vous n'avez pas un Robin des Bois dans les parages, des organismes comme l'Office de la protection du consommateur informent et viennent en aide à ceux qui pensent s'être fait flouer. Il y va de notre responsabilité individuelle de faire nos propres démarches afin d'obtenir justice ou réparation.

L'envers de la médaille

J'ai commencé à constater qu'une majorité de consommateurs semblaient avoir des problèmes à se prendre en main, donc à prendre leurs responsabilités, à l'époque de *J.E.*

Nous recevions cinq cents appels par semaine et seuls trois ou quatre étaient recevables. Les autres provenaient majoritairement de personnes qui n'avaient entamé aucune démarche auprès des organismes de protection concernés. Elles voulaient tout, tout cru dans le bec. Pire encore, par vengeance, elles voulaient se débarrasser d'un adversaire ou d'un compétiteur.

Je bous aussi de colère quand je vois tant de consommateurs tout accepter sans poser de questions, sans lire la moindre ligne d'un contrat. Comme si nous n'avions affaire qu'à d'honnêtes marchands et que nous n'étions pas responsables de nos transactions.

Si personne ne prend ses responsabilités pour obtenir un meilleur service, une qualité supérieure dans les produits, nous aurons éventuellement ce que nous méritons : un service de piètre qualité et des produits de qualité médiocre. Je suis sévère ? Peut-être. Pourtant, le niveau de *chialage* contre ce que l'on appelle le système est parfois démesuré.

Admettez avec moi que l'humain est plus souvent en réaction qu'en action. Par exemple, nous nous plaignons du gouvernement, mais téléphonons-nous à notre député pour lui exprimer nos doléances ? C'est aussi par son élu que le message peut éventuellement se rendre auprès de ceux qui ont le pouvoir de changer les choses. Et ne me dites pas que ça ne donnera rien ! De nombreuses manifestations ont porté leurs fruits.

Je sais que j'en dérange quelques-uns lorsque je brasse ainsi la cage, mais que voulez-vous ? Je suis née pour être la fatigante de service. J'ai du métier !

Ma passion du travail a dérangé beaucoup de gens, surtout au moment où je tentais de faire ma place dans le *boy's club*. C'est aussi parce que j'ai osé déranger. Trop de gens se taisent, laissent faire ou refusent de revendiquer sous prétexte de ne pas vouloir faire de vagues. Chut ! Pas de chicane. C'est ainsi que l'on nivelle une société vers le bas.

Abuser du système, c'est aussi se déresponsabiliser

Un des exemples les plus spectaculaires qu'il nous a été donné de voir est venu des tonnes de réclamations concernant des sacs de crevettes décongelées pendant la crise du verglas en 1998. Tellement que certaines éditorialistes avaient écrit à l'époque qu'il y avait plus de crevettes dans les congélateurs que dans l'océan Atlantique! Une farce monumentale aux répercussions fâcheuses. Quelques mois plus tard, nous apprenions que la crise du verglas avait été le sinistre le plus coûteux de toute l'histoire du pays.

Pouvez-vous croire que plus de 1,3 milliard de dollars d'indemnités sont versés en trop chaque année au Canada[81]? Pas seulement pour de fausses crevettes!

Croyez-vous vraiment que ce sont les compagnies d'assurances qui assument ces frais? Bien sûr que non! Vous êtes assuré? Alors vous payez pour les profiteurs. Une petite enquête auprès du Bureau d'assurance du Canada a révélé que les fraudes affectent tous les assurés. Environ 10 à 15% des sinistres payés sont frauduleux. QUINZE POUR CENT! Et encore une fois, en se déresponsabilisant de la sorte, donc en laissant faire, on contribue au bon fonctionnement de ce type de délinquance. En fin de compte, nous demeurons les dindons de la farce.

Enseigner la responsabilisation dans les écoles

Selon moi, la responsabilisation s'enseigne avec des exemples concrets. Elle frappe encore plus fort l'imagination de nos futurs adultes lorsqu'ils sont témoins d'événements ou de situations spectaculaires.

À l'automne 2013, des alertes à la bombe dans les écoles de Lévis ont dérangé des milliers d'élèves, de professeurs et de parents pendant plusieurs jours.

À chaque alerte, des policiers et des pompiers étaient mobilisés sur les lieux et avaient l'obligation d'inspecter de fond en comble les établissements

---

81 http://bit.ly/1nbQdQX.

visés. Qui a payé la note ? Encore nous, les « constribuables ». Les voyous savent-ils que l'argent ne tombe pas du ciel ?

Se responsabiliser selon un proverbe africain :
« Il faut tout un village pour éduquer un enfant »
Un jour, à l'épicerie, mes yeux se fixent sur des casseaux de fraises en vol plané jusqu'au sol. Une fillette d'environ douze ans venait de les accrocher au passage. C'est la débandade : des dizaines de petits fruits frais tombent pêle-mêle sur le plancher du magasin. La fillette regarde autour d'elle furtivement, sa mère empoigne la main de l'enfant et l'emmène rapidement à l'extérieur du commerce. Je raconte cette tranche de vie à une amie enseignante qui m'affirme que c'est probablement le même genre de parent que ceux qui viennent contester à l'école les mauvaises notes que leur fille ou leur fils pourrait avoir méritées.

Nous en sommes là, et las. Cette amie se sert maintenant de cet exemple pour montrer à ses élèves que la responsabilisation passe par de petits gestes.

Le commerçant du coin, l'entrepreneur ou l'entraîneur sportif sont aussi responsables de l'avenir des jeunes que leurs éducateurs et leurs parents. *Que d'idéalisme, ma chère Jocelyne !*

Après que j'eus donné une conférence dans une école polyvalente, la directrice de l'école m'interpelle pour me raconter l'histoire de ce garçon du secondaire 5 qui voulait quitter la classe une demi-heure plus tôt quotidiennement parce qu'il avait trouvé du travail. L'employeur exigeait qu'il arrive à 16 heures.

On peut bien accorder certains privilèges à des premiers de classe, mais le garçon était en situation d'échec à l'école ; il ne pouvait donc lui être accordé de passe-droit.

Alors, par souci de discipline et parce qu'elle désirait inculquer le sens des responsabilités au jeune garçon, la direction a communiqué avec l'employeur pour qu'il accepte de le recevoir une demi-heure plus tard.

Ne se préoccupant pas de l'avenir de ce jeune, c'est par un NON catégorique qu'il a répondu à la directrice, désabusée par une attitude aussi peu responsable.

Pire encore, la mère a également contesté la décision de l'école en encourageant plutôt son fils à ne pas terminer son secondaire 5, estimant qu'il n'avait pas besoin de ce diplôme pour réussir dans la vie.

Six mois plus tard, que croyez-vous qu'il est arrivé à ce jeune garçon ? Il a été congédié pour incompétence et indiscipline. Il s'est ainsi ajouté aux statistiques qui feront peut-être de lui un chômeur chronique ou un assisté social. Un jugement de valeur de ma part ? Je l'assume. Quand on me raconte des histoires pareilles, la moutarde me monte au nez.

Chaque citoyen a pourtant de grands avantages à être responsable, quel que soit son niveau de responsabilité
Un homme d'affaires de la région de Drummond-ville m'a raconté qu'aux abords du cégep, des employeurs interpellent des étudiants en leur faisant miroiter de gros salaires s'ils acceptent un travail sans terminer leurs études collégiales. Ces employeurs ne réalisent pas le tort qu'ils causent, non seulement à l'étudiant qui se laissera peut-être

tenter par l'appât du gain, mais à toute une société qui, éventuellement, pourrait être obligée de récupérer un décrocheur.

> « Même s'il est apte au travail, l'individu est irresponsable. Réclamons pour lui des logements sociaux, des services gratuits, la solidarité de tous envers lui, mais jamais sa solidarité à lui envers tous. »
>
> Pierre Légaré

J'aime Pierre Légaré, l'humoriste et l'homme aussi. J'ai eu le grand plaisir de le côtoyer pendant quelques jours à l'époque où il présentait son spectacle au théâtre Le Patriote de Sainte-Agathe. Il sait utiliser ses connaissances en psychologie pour fouetter notre fibre responsable. J'avais particulièrement apprécié son billet dans *La Presse* d'octobre 2007 sur la déresponsabilisation : « ... S'ébouillanter la cuisse en échappant son café, c'est la faute de McDonald qui sert du café chaud. Les poumons, le cœur ou les gencives qui ressemblent à ceux des paquets de cigarettes, c'est la faute des fabricants de tabac. L'endettement, c'est la faute de ceux qui donnent accès au crédit, au casino ou au 6/49... Et si vous n'aimez pas ce que vous venez de lire, ne m'engueulez pas, c'est la faute de mon clavier. Payez-m'en un autre[82]. »

Comme dans ses capsules sur la Chambre des notaires du Québec, Pierre Légaré oblige à la réflexion et passe des messages hautement significatifs sous le couvert de l'humour. Quelle merveilleuse façon d'enseigner le sens des responsabilités !

---

82 Légaré, Pierre, « Solitudarité », *La Presse*, 14 octobre 2007, p. A16.

Responsabilité + imputabilité : cela aussi devrait s'enseigner

Tout au long de ma carrière comme animatrice, il m'est arrivé à plusieurs reprises de traiter de sujets délicats. En 2003, j'étais à la barre de l'émission *Dans la mire.com* lorsque le scandale du Centre d'hébergement et de soins de longue durée (CHSLD) de Saint-Charles-Borromée a éclaté. Marie[83], une femme handicapée de cinquante et un ans, était victime de mauvais traitements de la part de certains employés. On a découvert aussi de nombreuses autres situations de négligence grave dans ce centre hospitalier.

Plutôt que de faire face à la musique ou ne sachant pas comment s'y prendre, le directeur de l'époque, Léon Lafleur, s'est suicidé quelques jours après l'étalement de ces cas d'abus sur la place publique. Évidemment, il n'est pas question, ici, de juger du geste ultime de ce directeur, mais il fait tout de même la preuve que la responsabilisation peut être démesurément lourde sur les épaules d'une personne en autorité.

Une téléspectatrice, Marie des Aulniers, infirmière auxiliaire à la retraite, avait été particulièrement choquée par cette histoire. Elle avait travaillé longtemps auprès des aînés et, à sa façon, elle a voulu conscientiser la population sur le sort lamentable de certains d'entre eux. Sous la forme d'un roman, elle a entrepris de coucher sur papier des cas d'abus. Me sachant sensible à cet égard, elle m'a fait parvenir son manuscrit en me demandant d'en écrire la préface[84]. Ce que j'ai accepté avec plaisir.

---

83 Prénom fictif.
84 des Aulniers, Marie, *La Vieillesse en cage*, Montréal, Éditions Publistar, 2005 et 2012.

Dans cette préface, j'écrivais qu'au Québec les personnes âgées reçoivent généralement de bons soins dans la majorité des résidences ou des CHSLD. J'avais utilisé le mot *généralement* parce que la nature humaine nous a trop souvent apporté son lot d'histoires d'horreur et de situations inadmissibles au cours des dernières années. À tel point qu'en 2007, le gouvernement provincial a mis en place un processus de certification des résidences pour personnes âgées.

Ce plan d'action visait à mieux protéger les aînés contre les irresponsables et la médiocrité de certaines résidences. En 2014, il n'était toujours pas terminé.

De 1986 à 2009, au Québec, les personnes âgées de plus de 65 ans sont passées de 658 000 (9,8 %) à 1,2 million (14,9 %). En 2031, ce groupe représentera 25,6 % de la population québécoise, soit 2,3 millions de personnes[85]. Si la vie le veut, j'aurai alors atteint l'âge honorable de quatre-vingt-un ans. J'avoue éprouver certaines inquiétudes quant au sort qui m'attend si je perdais mon autonomie. Qui prendra la responsabilité de bien s'occuper de moi?

La loi du silence n'a plus sa place. Il faut dénoncer ces abus. Le livre de Marie des Aulniers contribue à brasser la cage de nos dirigeants et de tous les responsables des réseaux pour aînés. Quelle formidable contribution dans la démarche de responsabilisation. Merci, madame des Aulniers.

«La qualité ne se montre pas, elle se vit.»

Thème du Congrès du Regroupement québécois
des résidences pour aînés (RQRA) 2013

---

85   Portrait social du Québec, données et analyses, 2010: http://bit.ly/1B60KFm.

Je suis toujours désolée de constater qu'une trop grande partie de la population joue à l'autruche, fait mine de rien et, par conséquent, se déresponsabilise ou encore tente de pelleter dans la cour du réseau public ce qui, en réalité, lui appartient.

Le cas d'une dame qui avait crié au scandale par l'entremise du *Journal de Montréal* m'avait fait grincer des dents. Elle n'en revenait pas que son père qui vivait en CHSLD public n'ait reçu aucun bain en trois mois. Nous savons tous que le réseau de la santé manque cruellement de ressources, mais, même au privé, la famille et les amis doivent prêter attention à la personne qui réside dans un de ces établissements. C'est ce que l'on pourrait appeler la responsabilité individuelle. Alors, je n'ai qu'une question à poser à cette dame : où étiez-vous pendant ces trois mois ?

«Dans le mot VIEILLIR, il y a le mot VIE.»

Thème de la Journée portes ouvertes RQRA

En 2012, le RQRA du Québec m'a proposé de m'associer à eux à titre de porte-parole de leur Journée portes ouvertes. J'appréciais cette marque de confiance, mais à l'époque je n'étais pas convaincue de vouloir m'identifier à ce qui touchait la vieillesse. Toutefois, cette demande arrivait à point nommé dans ma vie.

Ma mère avait perdu récemment son autonomie. Elle vivait sa nouvelle vie dans une de ces résidences privées depuis plusieurs mois. Lorsque j'allais la visiter, je voyais des aînés seuls dans leur chambre sans jamais recevoir de visiteurs[86].

---

86 Voir le chapitre «Ma mère», p. 161.

L'idée du RQRA se voulait une opération charme qui me paraissait tout à fait louable. J'ai donc accepté de prendre le flambeau pour cette Journée portes ouvertes. Le message que j'allais passer pour l'organisme en était un de responsabilisation... encore une fois !

Plutôt que de critiquer les résidences pour aînés, prenez la peine d'aller y voir d'un peu plus près. Magasinez votre résidence, visitez vos aînés. Message que j'endossais totalement, puisqu'il faisait appel à la responsabilité de chacun d'entre nous.

Le RQRA et d'autres organismes du genre incitent déjà la future clientèle à bien s'entourer, bien choisir, venir voir, et c'est vrai que la balle est d'abord dans le camp du client potentiel. Prendre la peine de visiter ces résidences c'est comprendre que la vie y continue ! Ce cheminement doit se faire avec circonspection.

Après mûre réflexion sur ma vieillesse éventuelle et sur la possibilité de déménager dans une de ces résidences, j'aurais quelques remarques à formuler. Pour dire la vérité, je souhaiterais ardemment que le mot *résidence* soit banni.

Aussi, quand j'entends que l'on va «placer» sa mère ou son père, je rue dans les brancards. Ceci fait aussi partie du message à passer : traiter les aînés comme des humains et non comme des objets à placer.

L'objectif du RQRA a certainement été atteint puisque le succès de la Journée portes ouvertes a été tel qu'il s'est répété les années suivantes.

Se prendre en main, c'est prendre ses responsabilités

21 mai 1980, 4 heures du matin. La sonnerie du téléphone me sort douloureusement de mon sommeil.

Pierre Arcand, le directeur du service de l'information de CKAC, m'envoie en mission aux deux extrémités de Montréal recueillir les réactions des *deux solitudes* au lendemain du référendum sur une éventuelle souveraineté du Québec. Malgré cette heure matinale, j'étais fière de pouvoir contribuer au contenu de cette émission spéciale animée par Jacques Morency.

Tout un travail que d'aller chercher les meilleures impressions du public de l'est et de l'ouest de l'île et de les rassembler pour diffusion dans le cadre de l'émission *Le Dimension*.

Alors que Jacques Morency terminait sa programmation spéciale, je constate que ma *vox populi* n'avait pas été présentée. J'étais furieuse. Hors de moi. À un point tel que j'ai lancé la cassette de tournage en direction de mon pauvre patron, qui n'avait pas de contrôle sur la mise en ondes. Évidemment, j'ai immédiatement regretté mon geste.

Chers lecteurs, je vous déconseille fortement cette méthode pour obtenir justice. D'ailleurs, une heure plus tard, je me confondais en excuses auprès de Pierre qui, plutôt que de m'indiquer la porte de sortie, s'excusait à son tour en me promettant que ma *vox pop* serait diffusée au bulletin du midi. Chacun prenait sa part de responsabilité dans cet événement qui aurait pu très mal tourner pour la jeune et bouillante journaliste que j'étais à l'époque. Malheureusement, il m'est arrivé à quelques autres occasions de me transformer en furie au cours de ma carrière. J'ai toutefois appris à respirer par le nez, à devenir plus zen.

L'un des rares avantages à vieillir est la possibilité d'apprendre et de s'améliorer. ☺

Ensemble on peut tout vaincre[87]

J'ai toujours été sensible aux travailleurs qui se battent pour maintenir leurs emplois. Ces bûcheurs sont loin d'être *nés pour un petit pain*. En 1996, mon ami Gilles Dion, animateur à la station de radio CHEF, à Granby, allait perdre son emploi, comme tous ses collègues. Manque d'argent – le nerf de la guerre –, cotes d'écoute en baisse et absence de publicitaires, le propriétaire n'avait d'autre choix que de mettre la clé sous la porte. Alors Gilles a proposé : « Allez, on se retrousse les manches ! On ne se laissera pas manger la laine sur le dos. On ne perdra pas nos emplois. On est capable. »

Gilles est un ami précieux, même si nos rencontres sont beaucoup trop rares. Il me plaît, entre autres parce qu'il n'a pas les deux pieds dans la même bottine. Son instinct de survie lui inspire toujours de superbes idées belles et novatrices. « On va sauver la station par le biais d'une coopérative », lança-t-il à ses camarades déprimés.

Dix-neuf mois plus tard, les nouveaux propriétaires redonnaient vie à l'antenne sous la forme d'une nouvelle coopérative de travail. FM 105 était née.

Un an plus tard, la crise du verglas confirmait la pertinence de la survie de cette station. Tous les associés du FM 105 se sont serré les coudes et ont pris leurs responsabilités sociétales en main. Gilles me racontait que seuls le travail d'équipe et la responsabilisation de chacun ont fait renaître de ses cendres ce média indispensable pour la région. Encore une fois, je constate que la responsabilisation a la capacité de déplacer des montagnes.

---

87 Slogan de Centraide Grand Montréal.

La démarche de Gilles et de ses collègues m'a poussée à vouloir en savoir un peu plus sur les coopératives. Et je n'invente rien, avec ce modèle d'entreprise, on comprend mieux l'expression *Ensemble, on peut tout vaincre.* Aussi, j'étais rassurée de lire les valeurs fondamentales des coopératives. Desjardins explique qu'elles « sont la prise en charge et la responsabilité personnelles et mutuelles, la démocratie, l'égalité, l'équité et la solidarité. Les membres des coopératives adhèrent à une éthique fondée sur l'honnêteté, la transparence, la responsabilité sociale et l'altruisme[88] ». Connaissant Gilles, ce sont certainement ces valeurs qui l'ont poussé à suggérer de transformer la station de radio en coopérative. Un autre modèle à suivre !

Les succès ne font pas souvent les manchettes
Pierre Péladeau, fondateur de l'entreprise Québecor, a déjà tenté de publier un journal de nouvelles positives. Ce fut un échec. Nous préférons médiatiser la déresponsabilisation sous ses formes les plus viles : les échecs, les abus, les faillites, montrant ainsi aux plus jeunes les pires travers de l'humain.

Suis-je cynique et désabusée ? Un peu parfois. Mais si je prends la peine d'écrire ce livre, d'apporter mon humble contribution, c'est qu'il me reste quelque espoir de voir un monde mieux intentionné et un peu plus responsable.

J'en viens aussi à la conclusion que se responsabiliser, c'est se connaître, s'assumer et avoir la maîtrise de soi. Il m'arrive encore trop souvent, je l'admets, de me laisser influencer par l'extérieur, ce qui

---

88 http://bit.ly/1zYL3NQ.

me hérisse lorsque je m'en rends compte. Comme au tennis ou au golf, je corrige le tir et je poursuis ma quête d'être meilleure en prenant MA part de responsabilité. C'est cela aussi se tenir debout.

Ma mère

« Le plus grand bien que nous faisons
aux autres hommes n'est pas de
leur communiquer notre richesse,
mais de leur révéler la leur. »

Louis Lavelle, *L'Erreur de Narcisse*

L e jour où j'ai fait part à ma mère de ma décision de prendre ma retraite, son monde s'est écroulé. Comment osais-je me retirer du quotidien de la vie, du travail, alors que j'étais, selon elle, au sommet de ma forme physique et mentale ?

Ma mère n'aimait pas que j'aie trop de plaisir. Un mélange de catholicisme et d'éducation à la trique l'a enfermée dans un caisson hermétique aux joies de la vie. Certainement une des raisons pour lesquelles ma mère et moi étions plus souvent à couteaux tirés qu'en harmonie. Mes parents avaient un sens aigu des responsabilités, ce qu'ils m'ont inculqué à la dure. Le plaisir, surtout chez ma mère, devait être vécu très simplement.

* * *

Annick et Pierre Cazin sont arrivés au Québec en 1952, quelques dollars en poche et un bébé de dix-huit mois dans les bras. Comme je suis un pur produit de 1950 et de la génération *peace and love*, le plaisir a *de facto* coulé dans mes veines, comme le bon vin d'ailleurs. Mon éducation, toutefois, m'en a rendue coupable.

> « Rien sans peine, pas même le vrai plaisir! »
>
> Henri-Frédéric Amiel, *Grains de mil*

La vie, en soi, est un effort, même dans la recherche du plaisir. Le plaisir peut aussi se manifester dans le don de soi, qui réclame toujours un certain effort. Les plaisirs de ma mère différaient totalement des miens. Si elle en avait dans le bénévolat qui la définissait, c'est ici que l'entente entre elle et moi pouvait trouver sa signature. Ma mère m'a superbement bien inculqué le plaisir de donner aux autres.

Avant sa retraite, Annick se dévouait totalement à son restaurant, mais une ménopause extrêmement douloureuse l'a obligée à prendre un recul prématuré à l'âge de cinquante ans. C'était en 1976. Mon père l'a alors entraînée dans de multiples voyages. Quand il est décédé, ma mère a continué de visiter le monde, mais seulement si ça n'entrait pas en conflit avec ses œuvres liturgiques. Ma mère avait de toute évidence un fond d'*opus dei*.

Sa théorie: pas de plaisir sans sacrifices. Annick était une servante. Durant vingt-deux ans, elle a servi ses clients. Puis, elle a consacré les trente-deux dernières années de sa vie à Dieu et à ses semblables.

Malgré notre relation très conflictuelle, je reconnais que ma mère était un être d'exception. Les gens du village où elle habitait la reconnaissaient à son pas franc, presque militaire. On la voyait ici, elle était déjà rendue là. En toute humilité, lorsqu'on tentait de nous comparer, j'affirmais que j'étais paresseuse à côté d'elle. Elle était une bénévole impliquée et passionnée, dotée d'une générosité sans bornes. Fervente croyante et véritable chrétienne qui ne jugeait ni ne condamnait, elle se distinguait par son dévouement absolu et sa modestie proverbiale. Pendant plus de trente ans, Annick a servi son Église et sa communauté au travers de différentes œuvres : la Société de Saint-Vincent de Paul, la Popote roulante, l'Ouvroir, les Cercles de Fermières du Québec, la Croix-Rouge, Héma-Québec, le Jour de la jonquille et j'en passe. Annick – qui aimait voir sa fille à la télévision – avait trouvé sa façon à elle de communiquer avec les autres en étant responsable des lectures aux liturgies quotidiennes. Finalement, elle avait trouvé un public qui lui manquait fort probablement depuis la vente du restaurant.

Ma mère était entourée de retraités proactifs. Personne, dans son groupe, ne se laissait aller à la déprime. Chacun, surtout des femmes, planifiait ses journées comme un président d'entreprise avec un programme serré. Je ne sais si c'est la marque de commerce du parfait retraité, mais l'improvisation libre ne semblait pas trouver logis dans ce cercle particulier. Quoique ma mère se soit parfois laissée influencer par sa fille au tempérament très insistant.

En 1989, la direction de TVA m'a proposé de devenir présentatrice des nouvelles à l'émission *Salut, Bonjour!* Pour célébrer cette nomination, j'ai invité ma mère à m'accompagner pour un séjour de trois jours en Floride. Pourquoi pas ? Annick, qui était déjà à la retraite, a accepté ma folle proposition. Même si maman faisait partie d'une génération plutôt rigide, aux valeurs bien ancrées, elle n'était pas totalement réfractaire aux changements. «Une fois n'est pas coutume», me dit-elle pour justifier cette folie passagère. Voir ma mère dévier de sa routine était, je dois l'admettre, une révélation. Pour une rare fois, j'ai vu cette femme si organisée et si rangée se laisser aller à quelques plaisirs totalement débridés. C'était un ravissement de l'épier à la mer.

J'observais des regards et des couleurs que je ne lui connaissais pas, son côté enfant s'amusant à taper l'eau ou à pousser les vagues, son sens de l'émerveillement qu'elle m'avait caché depuis tant d'années, bien dissimulé dans le tiroir de sa rigidité.

Ma dernière année avec Annick
Pour la première fois de ta vie, tu m'appelles à ton secours. Toi ma mère, oh ma mère! Je sentais bien ton abandon depuis quelques mois. Toi, la battante de toute une vie, par la fenêtre de ta chambre, je t'aperçois écrasée au sol, j'ai peur. Cette crainte sera justifiée.

Je ne suis pas une aidante naturellement naturelle. Je n'ai aucune aptitude et aucun désir à le devenir non plus. Enfant, ma mère me poussait à l'école malgré un 102 °F de fièvre. La compassion ne faisait pas partie des qualités parentales de mes parents. Pas plus que je n'ai vu ma mère prendre le moindre médicament, ne fût-ce qu'une aspirine pour soigner un mal. Elle ne tolérait également aucune plainte venant des autres. Je l'entends encore me sermonner: «C'est comme ça, c'est comme ça!» Pas étonnant, avec ce type d'éducation, que je n'aie pu me transformer en infirmière lorsque ma mère est tombée au front, ce 9 janvier 2011.

«Tu disais souvent : je ne veux pas déranger»

Annick était une grande croyante. Jusqu'aux derniers moments de sa vie, elle répétait sans cesse qu'elle voulait que son Dieu vienne la chercher. Résignée de voir son corps agoniser, ma mère osait, parfois, évoquer l'euthanasie. À cette époque, elle croyait que le gouvernement conservateur voterait en faveur du projet de loi C-384 qui modifierait le Code criminel et permettrait à un médecin, sous réserve de certaines conditions, d'aider une personne qui éprouve des douleurs physiques ou mentales aiguës sans perspective de soulagement, ou qui est atteinte d'une maladie en phase terminale, à mourir dignement quand elle y consent de façon libre et éclairée[89]. Pauvre maman ! Tant que Stephen Harper sera aux commandes du pays, n'y pense même pas ! Impossible de mourir dans la dignité pour les personnes sans espoir de guérison.

Le personnel médical, ses amies et moi avions beau l'implorer d'appeler à l'aide si elle en ressentait le besoin, ma mère, lucide jusqu'à la fin, refusait obstinément d'utiliser la clochette d'urgence. Elle préférait attendre le passage routinier des préposés, toujours en prétextant qu'elle ne voulait pas déranger. Combien de fois lui ai-je dit qu'elle dérangeait parfois plus à ne pas vouloir déranger !

Je soupçonne aussi ma mère d'avoir osé songer à l'euthanasie pour ne plus déranger qui que ce soit, elle qui, peu de temps auparavant, était si fière d'être autonome. Je suis toutefois persuadée que l'euthanasie ne pouvait faire partie de ses options pour se libérer de ses souffrances, à cause de ses valeurs religieuses.

---

89   http://bit.ly/1B62QFa.

Le suicide chez les aînés

« Elle ne se nourrit plus, n'a plus aucune hygiène de vie, va rester alitée toute la journée, ne plus avoir aucun loisir... » C'est le syndrome de glissement auquel fait référence le livre de la psychanalyste Marguerite Charazac-Brunel[90].

Un de mes oncles préférés s'est laissé aller vers la mort lorsque sa douce épouse de plus de cinquante ans de vie commune est décédée des suites d'un cancer. Six mois plus tard, le glissement abordé dans le livre de Marguerite Charazac-Brunel faisait son œuvre.

En effet, le suicide semble être, parfois, la solution pour certains aînés en perte d'autonomie. Dans le cadre de la Semaine nationale de la prévention du suicide, Luc Vallerand, directeur général de l'Association québécoise des retraité(e)s des secteurs public et parapublic, le mentionnait : « On considère trop souvent les idées suicidaires comme un phénomène normal dans le processus de vieillissement. Or, des recherches ont révélé que 75 % des personnes âgées décédées par suicide avaient exprimé des idées de mort ou manifesté un comportement suicidaire au cours des six mois précédant leur geste fatal. Souvent, c'est l'accumulation des disparitions qui conduisent les personnes âgées à formuler des idées suicidaires[91]. » Toutefois, il est assez étonnant de constater que, contrairement à la croyance populaire, les personnes âgées au Québec se suicident très peu.

Lors d'une journée de réflexion sur la prévention du suicide chez les aînés, Gilles Légaré, de l'Institut national de santé publique, affirmait que

90   Charazac-Brunel, Marguerite, *Prévenir le suicide*, Paris, Éditions Dunod, 2002.
91   http://bit.ly/1ucNhHN.

le taux de suicide chez les aînés au Québec était parmi les plus bas, avec le Royaume-Uni, l'Irlande et les Pays-Bas. La religion, encore très ancrée chez ce groupe de citoyens, expliquerait en partie ce que M. Légaré a qualifié comme étant un *facteur de protection*. Cette thèse convenait parfaitement à ma mère.

* * *

Avec l'âge viennent indéniablement les troubles de la vision. Ma mère n'a pas été épargnée. Après avoir rencontré un ophtalmologiste pour un problème de cataracte quelques semaines plus tôt, un neurochirurgien l'a convoquée sans tarder, début janvier 2011. Elle a ensuite subi plusieurs tests : résonance magnétique, biopsie au cerveau, etc. Nous venions d'entrer dans un monde qui nous était totalement inconnu : celui de la résignation et de la dépendance ; celui où il faudrait maintenant apprendre à faire une croix sur tous les bons moments.

Au matin du 12 janvier, ma mère obtenait une chambre au cinquième étage de l'hôpital Notre-Dame, prête à passer toute une panoplie de tests. Malgré son âge, son état de santé était presque parfait. Que faisait-elle ici, alors ? Selon son médecin, elle avait un cœur de jeune fille. Ma mère se nourrissait de produits naturels depuis plus de cinquante ans. Par contre, lors de ces tests, une radiographie avait révélé de multiples fractures à la colonne vertébrale. Candidement, elle nous avait avoué qu'elle avait fait une chute sur une plaque de glace deux semaines plus tôt. Elle ne pouvait plus marcher et c'est ce qui la faisait le plus souffrir.

Cela démontrait sa grande capacité à tolérer les douleurs physiques. Une autre première dans l'existence de cette petite femme haute comme trois pommes : la prise d'antidouleurs. Elle venait d'entrer dans le monde de la médication. Après quelques mois de ce régime, je me demandais si c'était les drogues ou la maladie qui détériorait son état de santé. Au-delà de ses problèmes de dos, les médecins voulaient investiguer dans sa tête. Donc, ce lundi matin de janvier 2011, nous n'en étions qu'aux balbutiements de ce sombre périple. Dix jours plus tard, le docteur a donné congé à ma mère en nous informant qu'elle aurait les soins nécessaires offerts par le CLSC de la région. Je ne sais pas si notre cas était unique ou rarissime, mais jamais le téléphone n'a sonné et personne n'est venu frapper à sa porte pour lui offrir les soins auxquels elle avait droit. Méprise, mauvaise communication ou incompréhension ? Je n'en sais rien, mais au département de neurologie, on m'a informée que le congé n'aurait jamais dû être donné. Dans le protocole, il est écrit que ma mère devait d'abord passer par un centre de convalescence. Comme les lits se faisaient rares dans les Basses-Laurentides, la patiente Cazin n'aurait pas dû quitter l'hôpital. Deux jours après, de retour au cinquième étage après ce malentendu, l'infirmière-chef nous a présenté ses excuses. Jamais je ne me serais douté que ma mère venait de quitter pour la dernière fois son nid douillet de la rue Léonard.

* * *

L'hôpital fonctionnait au maximum de ses capacités. Le personnel médical était totalement dévoué, mais les ressources manquaient tragiquement. Régulièrement, la pénurie de lits ou de personnel infirmier fait les manchettes dans l'actualité. Si bien que la biopsie du cerveau de ma mère a été retardée d'une semaine. Annick devait prendre son mal en patience, mais heureusement elle n'avait pas à revenir à la maison.

Une fois la biopsie passée, il nous a fallu attendre près de dix jours avant d'obtenir le diagnostic. Mais déjà, nous avions rendez-vous en neuro-oncologie. Ce qui me laissait bien sûr perplexe. Le neuro-chirurgien m'avait simplement indiqué qu'il voyait des tissus au cerveau. Qu'est-ce que tout cela voulait dire ? Il refusait d'élaborer tant que les résultats finaux n'étaient pas devant lui. Un moment angoissant pour moi, alors que ma mère était totalement dopée par l'anesthésie.

J'étais en état de choc à la vue de cette femme inanimée. La biopsie se révélait porteuse d'une mauvaise nouvelle : ma mère avait une tumeur triangulaire au bas du cerveau. C'est pour cette raison que son œil droit avait commencé à loucher quelques mois plus tôt : conséquence directe.

La tumeur était mal placée. Pour le moment, cela ne voulait rien dire tant que nous ne savions pas de quel type de tumeur il s'agissait. Si elle était bénigne, on pourrait peut-être la faire fondre. Si elle était cancéreuse, on allait opérer, mais on ne pouvait pas l'enlever entièrement à cause de l'endroit où elle était placée.

À ce moment-là, nous étions devenues de véritables patientes et demeurions relativement sereines. Le médecin restait positif, considérant ma mère comme une personne forte et bien constituée. Par contre, il devenait de plus en plus clair que ma mère devrait mettre entre parenthèses toutes les activités auxquelles elle était habituée : automobile, jardinage, longues marches, cuisine. Toute sa vie, en somme ! J'essayais de voir de quelle manière j'allais gérer les prochains jours, les prochaines semaines. Je devais considérer comment ma mère, cette femme hyper autonome de nature, serait prise en charge à son retour à la maison. Encore une fois, j'insiste pour admettre que je n'avais aucune compétence en la matière et, contrairement à ce que quelques-uns pensaient, ça ne faisait pas de moi une moins bonne personne.

Malheureusement, rien n'allait pouvoir sauver la vie de ma mère. Le 2 février 2011, le diagnostic était sans appel et le verdict, fatal. La tumeur était maligne et rare. Une tumeur du clivus, un os qui se cache derrière la tête, probablement pour éviter toute forme d'intervention. Le neuro-oncologue confirmait d'une voix glaciale ce que nous n'avions pas envie d'entendre : « Difficilement opérable. » La tumeur comprimait les nerfs du système nerveux du cerveau : une zone vitale. Elle ne provoquerait pas de souffrance, ni de métastases dans le reste du corps. Ma mère pourrait mourir dans son sommeil comme si de rien n'était... et comme elle l'espérait.

Je ne sais si c'était pour fuir cette fatalité, mais ce qui a bouleversé le plus maman, c'était sa perte fulgurante de la vue. Depuis la biopsie, elle avait perdu plus de 90 % de sa vision. Résignée, elle a rendu son verdict : « Pas question que je subisse quelque intervention que ce soit pour retarder le grand départ. »

Pourquoi ? Les réponses étaient toujours à peu près les mêmes : « Je ne veux pas souffrir inutilement, je ne retrouverai pas la vue, donc ça ne vaut pas le coup, je vais à la grâce de Dieu.»

À compter de ce jour et jusqu'à la fin, ma mère est demeurée inflexible face à sa décision : «Je veux qu'Il vienne me chercher.» Je lui demandais tout de même de réfléchir à la possibilité de subir des traitements de radiothérapie. Le docteur ne nous facilitait pas les choses en l'informant des effets secondaires inévitables.

«Que ce soit dans deux semaines, deux mois ou six mois, ça ne fait pas de différence, ma qualité de vie n'existe plus.»

Tout au long de sa maladie, elle n'a jamais perdu une once de lucidité.

Je la voyais parfois incrédule face à ce terrible diagnostic, me révélant un jour être très surprise par le rapport du spécialiste. Elle ne croyait pas sa situation si grave. Avec le recul, je soupçonne ma mère de n'avoir jamais révélé ses véritables émotions.

Au service d'oncologie de l'hôpital Notre-Dame, une personne-ressource nous avait été assignée. Chanez, l'adjointe du Dr Jean-Paul Bahary, accueillait nos inquiétudes, nos insécurités, nos questions et nos états d'âme avec beaucoup de respect. Avant de parler au médecin, je testais mes interrogations sur elle, qui répondait à toutes mes questions, parfois après avoir fait quelques vérifications. Un jour de grand doute – un autre –, ma mère et moi avons entrepris de lui poser les vraies questions face à une éventuelle radiothérapie dans le but d'obtenir de vraies réponses. Quand on rencontre un spécialiste, il est conseillé d'être bien préparé afin de ne pas abuser de son temps si précieux et de ménager sa patience.

J'avais donc en main une liste de questions.

- Si ma mère subissait une radiothérapie, à quoi pourrait-on s'attendre, au mieux ?
- Quels en seraient les bénéfices potentiels ?
- Pourrait-elle retrouver une vie à peu près normale si la radiothérapie produit l'effet espéré par le médecin ?
- Si la radiothérapie réussit, quelle peut-être l'espérance de vie de ma mère ?
- Dans le pire des cas, à quelles conclusions peut mener la radiothérapie ? Etc.

Aucune des réponses n'a suffisamment satisfait Annick, plus que jamais résolue à mourir. Elle se savait arrivée au terminus de sa vie, mais se sentait coincée dans l'autobus. Les portes demeuraient fermées, lui interdisant tout accès à son paradis, qu'elle ne voyait que par les fenêtres du véhicule. Une situation insoutenable pour cette femme qui était toujours impatiente d'arriver à demain.

**Faire le deuil de sa santé,
c'est mettre sa vie en suspens**
Ma mère, qui prenait autant soin de sa maison que de son potager, a vu mourir à petit feu ses espoirs de revivre un jour dans son « habitat naturel ». Je n'ai pas trop su comment m'y prendre face à ses demandes répétées de revoir sa demeure une dernière fois. Je craignais qu'elle en revienne plus torturée encore, mentalement. J'avais la nette impression qu'en l'emmenant à la rue Léonard, elle craquerait.

Comment ai-je pu penser que cette enfant de la guerre allait s'effondrer devant les vestiges de ce qui a été si longtemps son sanctuaire ? Je la vois encore me regarder d'un air résigné, sans mot dire, totalement soumise à mes prises de décisions. N'a-t-elle jamais décelé alors la culpabilité qui me rongeait ?

Le mot est lâché. Chacun de mes gestes à son égard afin d'alléger ses souffrances était empreint de cette maudite culpabilité. J'avais toujours l'impression que je n'agissais pas suffisamment bien.

Je la déracinais comme un arbre centenaire sans lendemain.

Son syndrome de Diogène

Imaginez le jour où j'ai entrepris de vider la maison de trente-cinq ans de vie! Ma mère avait tout conservé, tout empilé, tout rangé. Trente-cinq ans d'élastiques, de bulletins paroissiaux, de sacs blancs, de sacs verts jaunis, de papier ciré. Trente-cinq ans de cartes professionnelles, de vaisselle, de bouteilles. Trente-cinq ans de serviettes, de vêtements, d'assiettes d'aluminium, de mouchoirs, certains parfois sales. Sans être médecin, je pourrais affirmer qu'elle souffrait du syndrome de Diogène. Elle ne pouvait se résigner à jeter; elle gardait tout depuis si longtemps.

Ce syndrome touche surtout les femmes et, souvent, les veuves. À mon grand étonnement et devant celui de mes amis venus m'aider à vider et nettoyer, même les excréments de souris faisaient partie de cette collection compulsive. Il m'arrivait de rester figée devant un objet, un tableau, une assiette ou une photo durant plusieurs minutes à m'interroger sur la pertinence ou non de le conserver.

Le nombre incalculable d'arrêts sur certains rappels de la vie de ma mère ou de ma vie ne faisait que retarder cette fatalité. Il fallait me défaire de la grande majorité des biens qu'Annick s'était fait un devoir de conserver. Une petite voix me criait constamment: «Allez, jette ou donne! Pourquoi préserver autant d'objets durant toute une vie si ce n'est que pour les transmettre à nos descendants?»

Le patrimoine fimilial s'arrêtait avec moi. *Regarder devant* prenait tout son sens si je ne voulais pas me transformer en statue de sel, comme l'épouse de Loth qui avait osé regarder, contre l'ordre des anges, la ville de Sodome s'enflammer. À ce moment, un autre supplice m'attendait.

Le jugement des autres

Tout le voisinage participait, à sa façon, au déshabillage de la maison d'Annick. Il m'a bien fallu transcender le jugement parfois cruel des autres, car pas un, mais deux conteneurs de tout ce qu'une vieille femme peut avoir accumulé par souci d'économie ou par insécurité maladive ont nourri les mauvaises langues, qui n'en espéraient pas tant pour me crucifier.

Pourtant, la principale intéressée consentait – du bout des lèvres, je dois l'admettre – au grand ménage de ses quatre saisons.

Lorsque le panneau de l'agence immobilière a pris racine sur le terrain d'Annick, certains m'ont accusée de vouloir vendre trop rapidement la propriété maternelle. Ces gens, bien intentionnés, n'avaient aucune idée du diagnostic médical, ne venaient me poser aucune question sur mes angoisses quotidiennes et encore moins m'offrir leur aide que j'aurais, de toute façon, probablement refusée.

J'avais du mal à imaginer conserver cette maison inanimée. Je ne me voyais pas non plus me transformer en entrepreneur pour refaire une beauté à ce bungalow qui méritait un *strip-tease* complet. Je savais pertinemment que ma mère ne pourrait plus reprendre ses activités normales.

De sa résidence à la Résidence

Annick était désormais prise en charge par le personnel de la Résidence Desjardins. Quitter sa maison vers un lieu connu, dans son village, était moins pénible, me semble-t-il, que si j'avais eu à l'expatrier, ne serait-ce qu'à quelques kilomètres de Saint-Sauveur. C'est une grâce que méritait amplement ma mère que de pouvoir terminer ses jours dans son milieu de vie.

J'étais rassurée, aussi, de pouvoir compter sur une amie d'enfance, Colette Desjardins, la propriétaire de la résidence. Et ce qui n'était pas banal non plus, c'est que ma mère connaissait parfaitement les aires de la maison, ainsi que la mère de Colette, la fondatrice de cette maison pour personnes en perte d'autonomie. Pendant plusieurs années, Annick y avait même offert ses services comme bénévole auprès des résidents.

Plus que des objets

À l'épilogue de sa vie, vider une maison de tant d'années de souvenirs, c'est assurément faire le deuil de soi-même.

Dans les années 1970, mon père avait hérité d'une armoire normande du XVIIe siècle. Démontée et remontée par papa, l'antiquité avait fait le voyage par bateau. Il s'agissait probablement d'une œuvre unique au Québec, compte tenu de son vieil âge.

Malgré une amputation du meuble par sa base, le salon de ma mère était quand même un peu coincé à l'arrivée de ce nouvel occupant. Pourtant, le jour où nous avons dû dire adieu à la maison, il m'a aussi fallu faire une croix sur ce magnifique buffet. Moi qui rêvais de léguer ce bijou familial...

On ne se doute pas à quel point les objets qui nous entourent peuvent prendre de l'importance dans des moments difficiles. J'angoissais davantage à l'idée de devoir me départir de ce mastodonte normand qu'à celle de perdre la maison dans son ensemble. Mon esprit, vif dans de tels moments, m'a soufflé une solution satisfaisante qui allait décrocher un sourire momentané au visage de ma mère.

Le salon de la Résidence Desjardins était vaste. Après quelques petites négociations et autant de bras d'amis, l'armoire des Cazin habitera maintenant la Résidence et ne se perdra pas dans l'anonymat. Le regard posé sur certains souvenirs ou objets, comme cette armoire qui revit, suscite en moi une douceur, un sourire et une paix intérieure.

Ne pas oublier
Un jour de détente et de rapprochements, assises au salon devant le meuble familial, maman m'a généreusement donné en héritage toutes ses recettes qui ont bâti le succès de son restaurant pendant plus de vingt-deux ans.

À la seule évocation de ses plats : crème de poireaux, escalope de veau sauce normande, bœuf bourguignon, poulet rôti, son célèbre foie gras, tarte aux pommes ou au sucre et son incontournable crème renversée, j'en avais l'eau à la bouche. Ils me renvoyaient, en outre, les images de dizaines de clients contents et des souvenirs impérissables qui ont meublé ma jeunesse.

Qu'allais-je faire de ces trésors ? À l'occasion, je rencontre d'anciens clients du Petit Coin de France qui me réclament telle ou telle recette, précieusement conservée dans mon disque dur, et que je ne partage qu'avec… parcimonie.

« Mourir, cela n'est rien.
Mourir, la belle affaire !
Mais vieillir... Oh ! vieillir. »

Jacques Brel, *Vieillir*

Incroyable, ce qu'il faut de diplomatie pour expliquer à un proche l'inévitable sort que lui impose la vie. La Résidence Desjardins deviendra la dernière demeure de ma mère...

La routine s'est installée doucement. N'étant pas du genre à se laisser aller, Annick circulait librement plusieurs fois par jour dans le couloir de la Résidence avec l'aide d'un déambulateur.

À l'heure des repas, nous ressentions la même tristesse, elle et moi, la même consternation. Matin, midi et soir, plus d'une heure avant la cloche, un cortège de fauteuils roulants ou de déambulateurs se tassait le long du mur en attendant que les portes de la salle à manger s'ouvrent. Comme si la seule raison d'être de ces résidents se définissait par l'heure du repas.

À quoi pensaient ces personnes scotchées à leur incapacité ? Ma mère ne pouvait s'imaginer un tel sort. Elle qui ne tolérait aucun retard arrivait à la dernière minute à sa table afin de s'épargner cette désespérante image.

Mes limites

Annick, reconnue par tous comme étant une dynamo, voyait son énergie fondre à vue d'œil. Elle ressentait une fatigue constante, un mot qu'elle n'avait jamais prononcé de sa vie. Une lourdeur l'agaçait au niveau des genoux et du fessier. Des problèmes de bronches et une extinction de voix compliquaient aussi son état.

La nouvelle de sa tumeur s'était répandue comme une traînée de poudre dans le village, si bien qu'elle recevait ses visiteurs comme une grande prêtresse accueillant ses fidèles. C'était à se demander si ses problèmes de voix provenaient de la tumeur ou encore de trop grandes activités oratoires!

J'avoue que sans ces manifestations de générosité à l'égard de ma mère, j'aurais vécu plus péniblement encore sa maladie. Je me sentais donc moins dans l'obligation de demeurer à son chevet des jours durant.

Ainsi, plus de deux mois après ce changement de vie radical, nous apprenions à vivre avec cette tumeur maligne à progression lente. Ma capacité d'aidante venait toutefois d'atteindre sa limite. Il me fallait respirer, prendre l'air, sortir de ce scaphandre devenu de plus en plus inconfortable.

En janvier, ma terre avait cessé de tourner; j'avais laissé en Floride tous mes effets, mes documents, mon auto, convaincue qu'il ne s'agissait que d'une question de jours, qu'un mauvais moment à passer.

J'ai mis des gants blancs pour expliquer à ma mère le besoin de partir quelques jours afin de récupérer mes affaires. Partir avec la culpabilité pour seul bagage n'est pas ce qu'il y a de plus constructif. Dans mon cœur, je traînais aussi *La Confession*, cette chanson de Lhasa de Sela, morte trop jeune.

«Je me sens coupable
Parce que j'ai l'habitude
C'est la seule chose
Que je peux faire
Avec une certaine certitude
C'est rassurant de penser

Que je suis sûre
De ne pas me tromper
Quand il s'agit
De la question
De ma grande culpabilité »

Chaque jour, sous les palmiers, cette douloureuse certitude se confirmait. Elle me dévastait, me consumait. La culpabilité agissait sur moi comme un tsunami; ses ravages étaient catastrophiques. Rien de positif ne pouvait en sortir, aucune énergie renouvelable. Pourtant, cette culpabilité était bien ancrée dans mes mœurs et dans mon éducation.

Je ne suis pas psychologue, mais tous les textes que j'ai lus sur ce délicat sujet sont unanimes : la culpabilité appartient surtout aux femmes. Des dizaines d'études et de sondages démontrent qu'elle conditionne presque tous nos faits et gestes.

En 1990, une enquête réalisée par le magazine français *Styliste* concluait que 96 % des femmes, soit la presque totalité, culpabilisent au moins une fois par jour[92]. Infernal, comme situation, et pourtant vrai.

On ne s'en sortira jamais, de cette maudite culpabilité. J'ai donc entrepris une démarche d'introspection. Je ne voulais pas en arriver à un point de non-retour avec ma mère, ce n'était pas sa faute mais plutôt celle d'une éducation judéo-chrétienne. L'eau baptismale nous a infectées de ce poison, qui s'est transmis de mère en fille. Nous sommes de la génération GAT (*Guilty all the time*).

---

92   http://bit.ly/1tkKGyv.

La culpabilité qui ronge, celle qui fait mal

J'étais en Floride, le temps de ramasser mes affaires et aussi, dois-je l'admettre, voir autre chose que des couloirs de fin de vie, lorsque le monstre du psoriasis s'est à nouveau manifesté. Non, pas encore ! Mon corps n'aimait pas la culpabilité et, encore une fois, il avait décidé de se venger en m'infligeant des poussées que je n'avais jamais connues.

De profondes gorges se creusaient dans les paumes de mes mains, aux talons et aux coussins de pied. Les fissures étaient si importantes qu'elles m'empêchaient de faire toute activité normale. Je comprenais brutalement qu'il me fallait renoncer à m'adonner à mon sport préféré, le golf, durant mon court séjour à ma résidence floridienne.

À mon retour au Québec, j'ai entrepris une tournée des dermatologues et j'ai reçu une kyrielle de suggestions de *tout le monde qui connaît ça* : crèmes, recettes de grand-mère, huiles miraculeuses, grattoir, pierre ponce, savon d'Alep et plantes médicinales. Les résultats espérés ne se sont jamais présentés, mais les factures de plusieurs centaines de dollars, elles, oui.

Les amis les plus proches à qui j'osais montrer ces plaies vives avaient pitié en constatant mes douleurs. Cet enfer mobilisait le peu de ressources qu'il me restait pour m'occuper de ma mère, jusqu'au jour où on me suggéra d'utiliser le millepertuis.

Je connaissais cette plante médicinale pour le traitement des dépressions légères. Je n'avais pas de tels symptômes, mais l'angoisse grandissante et ma culpabilité étaient prometteuses d'un burn-out assuré. En l'espace de trois mois, le millepertuis est devenu un antistress si efficace qu'il effaça toutes ces horribles crevasses.

« La culpabilité, un outil
de contrôle de l'humanité. »

Philippe Pénau

Peu importe d'où elle arrive, la culpabilité agit comme une arme de destruction massive. Les religions s'en servent allègrement pour manipuler leurs adeptes. Dès notre enfance, on nous inculque le sens du bien et du mal. Si je faisais mal, je devais par la force des choses, me sentir coupable. Mon père n'était pas parfait, mais le virus de la culpabilité est surtout venu des femmes qui m'entouraient, ma mère et les religieuses, notamment.

Au pensionnat, en cinquième année, sœur Marie-Robert m'avait surprise nue dans ma cellule (chambrette). À la maison, mon père était un adepte du naturisme, je ne voyais donc aucun mal à me promener en tenue d'Ève.

Deux heures à genoux au coin du dortoir m'ont fait comprendre que j'étais coupable d'avoir mal agi. Imaginez mon retour à la maison paternelle le vendredi suivant ! C'est ainsi, parfois, que naissent les conflits parents-enfants !

Vieillir, avancer en âge, nous offre la possibilité de se départir éventuellement de nos culpabilités. Encore faut-il prendre conscience de leurs effets pernicieux, dévastateurs.

Savoir passer à autre chose

C'est fou comme la maladie peut rendre vulnérable. Au point de vouloir baisser pavillon ! Annick a lâché prise le jour où sa santé a décliné. Nos innombrables conflits étaient désormais derrière nous. Le peu de temps qu'il nous restait allait être consacré à une meilleure acceptation l'une de l'autre. Une meilleure reconnaissance. Le travail accompli dans le bureau de mon psychologue pour cesser de me sentir coupable face à ma mère reçoit aujourd'hui ses dividendes. Le jour de ses funérailles, le 24 mars 2012, j'étais en parfaite harmonie avec celle qui aurait célébré son quatre-vingt-sixième anniversaire le lendemain. Il m'était ainsi plus facile de lui rendre hommage.

Hommage à ma mère

24 mars 2012
Vous êtes venus nombreux et j'avoue que je ne suis pas surprise.

Ma mère était un être d'exception...

Vous l'avez connue active, on peut même dire qu'elle était hyperactive...

Après avoir quitté la France en 1952, Annick a été une pionnière à sa façon, en ouvrant le premier restaurant français à Saint-Sauveur en 1954.

Vous êtes sans doute nombreux aujourd'hui qui, comme moi, aimeraient qu'elle nous prépare son célèbre pâté de foie de volaille ou encore son escalope de veau sauce normande, sa délicieuse tarte aux pommes.

Tiens! Je viens d'entendre que dans son paradis, Pierre son époux, Patrick son petit-fils, ses parents Aline et Jean et ses amis déjà rendus sont bien contents qu'elle soit enfin à la cuisine.

Annick, femme courageuse, qui a connu les horreurs de la guerre dans sa France natale, ne se plaignait jamais. En fait, je n'ai jamais vu ma mère pleurer. Et Dieu sait les souffrances qu'elle a dû vivre dans les premières années de sa vie.

Et aussi parfois à cause de sa fille, pas toujours tranquille.

Maman disait qu'elle aimait mieux porter sa croix plutôt que de la traîner.

Grande bénévole à Saint-Sauveur, Annick était une femme de devoir...

... Aussi, c'est Annick qui s'occupait des lectures dans toutes les funérailles.

... Aujourd'hui, maman, laisse-toi donc servir, même si tu n'aimais pas que l'on veuille t'aider!

Annick, tu as libéré ton corps à quelques jours de ton 86e anniversaire de naissance.

Demain, le 25 mars, si Dieu existe, il fera les choses en grand, entouré de tous tes anges...

Maman, merci.

Je voulais cette célébration unique et simple, à son image. Lambert, un ami d'école devenu musicien, avait accepté de nous accompagner au piano, à l'église de Saint-Sauveur, en souvenir de nos bons moments.

Le répertoire musical de la cérémonie funèbre se voulait singulier. Des mélodies significatives pour ma mère et qui ont résonné à mes oreilles toute mon enfance accompagneraient Annick vers son paradis: *L'Hymne à l'amour* d'Édith Piaf, *Mes jeunes années* des Compagnons de la chanson et *Rossignol de mes amours* de Luis Mariano, comblèrent la centaine de fidèles venus rendre un dernier hommage à la *petite Annick*.

Puisqu'il devait y avoir une finale, Lambert nous a offert une chanson écrite par Mouloudji qui ne pouvait pas mieux tomber: «Un jour tu verras, on se rencontrera, quelque part, n'importe où guidés par le hasard...»

Peu importe où tu te trouvais, ma chère maman, j'imaginais ta mine réjouie à l'écoute de ces souvenirs de jeunesse.

Trois jours plus tôt
Dans sa chambre qui m'apparaissait maintenant comme un mouroir, j'accompagnais ma mère depuis plus de quarante-huit heures, jour et nuit. Fréquemment, son souffle s'arrêtait. Cela pouvait durer plusieurs minutes, me laissant croire, à chacune de ces apnées, à l'imminence de sa dernière heure. Pendant la nuit, j'étais dans mon grabat, à ses pieds, respirant la mort lente de cette femme qui allait être enfin exaucée.

Le 21 mars 2012, ses amies, Anne-Marie Pellissier et Janine Travaillaud, anéanties par l'inéluctable verdict, sont venues prier pour son repos éternel. La sonnerie de midi dicta à Janine, non sans douleur, de dire adieu à celle qui la liait à plus de cinquante ans d'amitié.

Les minutes qui ont suivi relèvent du mysticisme, de la connexion parfaite des âmes. Peu importe les croyances, j'acceptais d'entrer dans le recueillement que m'inspirait Anne-Marie.

Je me tenais à quelques mètres du lit. L'amie prit doucement la main de la mourante. Toutes deux, nous sentions l'âme de ma mère prête à s'envoler vers on ne sait où.

Puis, à midi quarante-huit précisément, les yeux bleus d'Annick ont embrassé une dernière fois mon regard. C'était la fin.

Oser
Le jour où ma mère a franchi le seuil de la mort, il m'est devenu impératif de traverser ce sentier

inexploré auparavant : celui d'oser écrire en toute franchise ce chapitre sur ma mère.

À plus d'une reprise, j'ai mis en doute la pertinence de certaines confidences. Plus d'une fois, j'ai été troublée à la relecture de certains passages.

Me mettre à nu, ne rien effacer, ne serait-ce que pour tenter, bien humblement, d'attiser le désir d'améliorer les relations mères-filles qui, parfois, tournent au drame.

Tout comme Gaétan Girouard, Annick fait désormais partie de ma milice des anges. J'en suis profondément convaincue. N'est-ce pas cela qui compte, après tout ?

Les deuils

« Même s'il me faut lâcher ta main, sans
pouvoir te dire à demain
Rien ne défera jamais nos liens… »

Françoise Hardy, *Tant de belles choses*

Le géant aux pieds d'argile

« Je t'en veux, tu n'avais aucune raison valable de poser ce geste. Tu es un sale égoïste. Laisser une épouse, deux charmantes fillettes, des amis sincères, un emploi qui te hausse au niveau des grands. Je suis en colère. » Combien de fois ai-je répété ces horribles mots après le drame. Douleur, colère et culpabilité; ces sentiments, tous plus envahissants les uns que les autres, m'ont accompagnée pendant trop longtemps.

Malheureusement, je dois avouer qu'avant ce matin de janvier 1999, je pressentais que ta vie nous échappait. Deux jours plus tôt, je t'avais même convoqué pour te brasser un peu. Je percevais ta fragilité, ton mal de vivre, mais jamais je n'aurais imaginé ce point de non-retour.

Lorsqu'une journaliste du magazine *7 jours* m'a demandé, quatre ans plus tard, si j'avais réussi à faire le deuil de mon collègue et ami Gaétan Girouard, j'ai fini par dire oui. Oui, parce que le temps fait bien les choses. Mais, même après toutes ces années, il m'arrive encore de ne pas vouloir comprendre.

Gaétan était un être brillant, sympathique; un bel homme qui avait tout pour être heureux. Dans les réunions, il en imposait. J'aimais l'écouter développer des idées. Et pourtant... Au moment de sa mort, on a dit de lui qu'il ressemblait à un géant aux pieds d'argile. Des paroles qu'avait aussi prononcées le célébrant lors des funérailles. L'abbé Desroches avait déploré que Gaétan: «... savait s'occuper de la fragilité des autres, mais ne savait peut-être pas comment être tout petit, comment avoir mal et avoir de la peine, comment être fragile, comment traverser les énormes pressions qu'il a eu à subir.»

Je prends conscience de ma propre fragilité, et je me rends compte que, parfois, je suis à un cheveu de me retrouver dans un gouffre moi aussi. Certaines dispositions, des antécédents familiaux font en sorte qu'une personne posera un geste fatal alors qu'une autre ne le fera pas. Ça n'explique pas tout bien sûr. Je ne l'ai pas fait, mais l'idée m'est venue trop souvent.

Quatre autres de mes amis ont commis l'irréparable. Devant de tels drames, il m'a bien fallu chercher des explications. Un grand point commun: aucun d'eux n'exprimait véritablement ses émotions. (Ce qui est loin d'être mon cas!) Mon psychologue estime que c'est pour cette raison que la dépression doit être considérée comme la faillite de la gestion déficiente de la vie affective.

Pourquoi est-il si difficile d'être heureux[93] ?

« Quand il y a le silence des mots, se réveille trop souvent la violence des maux[94]. » Ce que je comprends avec le temps, c'est qu'oser s'exprimer, c'est oser vivre. Eh oui ! Voilà le message que je veux passer dans ce livre.

Ce n'est qu'après le suicide de Gaétan que j'ai saisi toute son incapacité à formuler ses insatisfactions. Il avait une peur maladive de contester, par exemple, la direction de TVA. Pourtant, sur le terrain, tout comme moi, il n'avait aucune gêne à se présenter sans rendez-vous « chez les malins » en vue d'un reportage à l'émission *J.E.*

De toute évidence, nous vivions nos frustrations professionnelles fort différemment ; elles me servaient d'antidote, tandis qu'elles se changeaient en poison pour Gaétan. Chez moi, la souffrance demeure en veilleuse ; chez Gaétan, elle a éclaté dans le champ de sa conscience et est rapidement devenue intolérable.

Un jour, à peine étais-je entrée dans le bureau du directeur des émissions d'affaires publiques qu'il me lance : « Bon ! Qu'est-ce qu'il veut, Gaétan ? »

Pourquoi Fabrice m'aborde-t-il de cette façon, ce matin ? En fait, il avait compris ce qui se passait : tout ce qui était désagréable à dire au patron ainsi que les demandes et les récriminations passaient par ma bouche. Lorsque Gaétan était mécontent d'une situation : manque d'effectifs, de caméras, ou problèmes avec les avocats, il m'irritait tellement que je montais au front sans réaliser que j'étais en service commandé.

---

93 Salomé, Jacques, *Pourquoi est-il si difficile d'être heureux ?*, Paris, Éditions Albin Michel, 2007.
94 *Ibid.*

Tout d'un coup, j'avais le sentiment d'avoir été manipulée par mon ami et collègue. Pourtant, je suis convaincue qu'il n'en était rien. Et si tel avait été le cas, il ne le faisait pas volontairement.

« Gaétan Girouard, le journaliste qui ne bafouille jamais[95] »

En juin 1993, lorsque le Canadien de Montréal a remporté sa vingt-quatrième coupe Stanley, plusieurs dizaines de milliers de partisans défilaient heureux dans les rues du centre-ville.

Ce jour-là, Gaétan était sur les lieux, en direct, avec son caméraman. En quelques instants, les fans sont passés de l'euphorie à la démesure, violence et vandalisme compris. Plusieurs dizaines de véhicules ont été renversés et même incendiés. Notre as-reporter, au centre d'une foule complètement déchaînée, décrivait des scènes disgracieuses de bouteilles de bière transformées en projectiles, de boutiques pillées et dévalisées, de cars de reportage malmenés.

Sans broncher, Gaétan tenait captif son auditoire avec un tel aplomb que le lendemain de l'émeute, la chroniqueuse télé la plus redoutée à l'époque, Louise Cousineau, reconnut le sang-froid de mon collègue. Le lendemain, *La Presse* titrait : *Le journaliste qui ne bafouille jamais*. Gaétan comprit le message : il n'avait plus le droit à l'erreur.

Deux jours avant sa mort, il m'a rappelé cet article et se disait incapable d'imaginer la plume de Cousineau écrire en gros titre : *Gaétan Girouard en congé de maladie pour cause de dépression ou burn-out.* Je l'ai senti fragile, oppressé par je ne sais

---

95   Cousineau, Louise, *La Presse*, 10 juin 1993.

quelle douleur. Ses confidences me perturbaient au plus haut point. Il me parlait de ses états d'âme; sa vie à Québec ne lui convenait plus. Il s'imaginait des scénarios d'horreur face à son travail. Il voulait que je demande à la direction de TVA de prendre sa relève à Québec.

J'animais alors de Montréal. Tant bien que mal, j'ai tenté de lui remonter le moral en l'encourageant à rencontrer lui-même la direction de TVA afin qu'il soit rapatrié à la maison mère. J'avoue avoir douté de sa capacité à faire lui-même sa demande. Les jours suivants m'ont malheureusement donné raison.

Puis, toutes les paroles prononcées par Gaétan ont pris une tout autre dimension après son geste fatal. Je les révèle ici pour la première fois. À plusieurs reprises, il me disait être convaincu que l'année 1999 serait MON année, que ce serait mon tour de recevoir le Prix Artis, que mes honoraires allaient doubler, etc. Je contestais chacune de ses affirmations sans me douter qu'il me dévoilait en quelque sorte son testament. Pendant plusieurs années, la culpabilité me rongeant, j'ai enfoui ces paroles qui, à mon avis, ne laissaient plus aucun doute sur ses intentions.

D'autres signes avant-coureurs
Après avoir réuni tous les morceaux du casse-tête, je crois fortement que Gaétan a amorcé sa descente aux enfers pendant la campagne électorale de 1998. La direction de TVA lui avait offert de couvrir les à-côtés de la politique en se promenant partout au Québec. À cette époque, tout ce qu'accomplissait Gaétan en ondes était un succès assuré, mais son insécurité maladive l'empêchait

d'accepter de prendre congé de l'émission *J.E. En direct* que nous animions tous les deux en plus du *J.E.* hebdomadaire. Si bien que Gaétan s'est organisé pour coanimer notre émission quotidienne de l'une des stations régionales de TVA, tout en couvrant les sujets d'intérêt qu'il présentait aux bulletins de nouvelles de Pierre Bruneau, à 18 heures. Plus tard, il m'avait confié son inquiétude de perdre son emploi s'il ne cochait pas présent partout.

La pression qu'il s'était mise vagabondait dans tous les sens, jusqu'à apprendre par cœur le nom de tous les candidats des cent vingt-cinq circonscriptions. Gaétan et moi étions des gagnants, mais lui ne pouvait concevoir de perdre.

> « Lorsqu'on ne peut pas être, il ne
> nous reste qu'à paraître. »
>
> Boris Cyrulnik

Les patrons misaient beaucoup sur la présence de Gaétan aux côtés de Pierre Bruneau, le soir du 30 novembre. Ils espéraient ainsi battre enfin les cotes d'écoute de la soirée électorale de Radio-Canada, jusque-là invaincue. Quelques collègues et moi sommes aujourd'hui persuadés que Gaétan s'est définitivement enfoncé dans une profonde dépression, au lendemain de cette soirée, en apprenant que Bernard Derome demeurait numéro un.

Le mal de vivre

Nous côtoyons le mal de vivre de tellement près qu'on ne peut se douter à quel point il peut faire des ravages. La mort de Gaétan, tellement médiatisée, a bouleversé le Québec en entier. La colère, la révolte, la tristesse, l'incompréhension nous écorchaient tous… Tous ces sentiments ont saboté le tournant de mes cinquante ans. Ils font partie de mes dommages collatéraux.

Dans les jours et les semaines qui ont suivi son départ, j'ai reçu plusieurs centaines de lettres de gens qui ne s'expliquaient pas le geste de Gaétan. Des hommages à la vie: «… Derrière la force du corps, la prestance, il y a toujours la fragilité du cœur, la sensibilité de l'émotion à fleur de peau. Je me souviendrai toujours de ce visage de gamin dans ce cœur trop souffrant…», Carole, une simple inconnue.

J'ai également reçu des encouragements à poursuivre mon travail d'enquêtes, des offrandes, quelques statuettes en forme d'anges gardiens (*angel care*).

Une lettre m'avait particulièrement touchée, celle de la conférencière Louise Bolduc. Elle avait pris le temps d'analyser le drame de Gaétan et le mien. Elle m'exposait en plusieurs points les interrogations qui me permettraient de faire le bilan sur ma douloureuse situation. Elle me suggérait de repérer mes propres talents et de continuer à les utiliser de façon positive. Elle m'invitait en quelque sorte à *découvrir comment me permettre de conserver mon équilibre et mon droit d'être faible* (droit de vivre ma sensibilité) *à travers ma mission de vie qui est celle de partager ces talents avec une masse importante de personnes.*

D'autres attisaient ma colère lorsqu'ils affirmaient qu'ils n'avaient aucune raison de continuer de vivre, en se comparant à leur idole: «Ce soir j'ai froid dans mon cœur. Sa mort m'oblige à penser à celle que j'aurais voulue hier pour en finir avec ce destin qui ne m'inflige que misère…»

D'ailleurs, le Centre de recherche et d'intervention sur le suicide et l'euthanasie de l'UQAM a publié une étude en 2005 dans laquelle il est clairement indiqué que le taux de suicide a augmenté de façon radicale après le 14 janvier 1999[96]. Les conclusions de l'étude sont troublantes, mais elles ne m'ont point étonnée. J'avais encore en tête mes centaines de messages de désespoir laissés dans une boîte au fond d'une armoire : « ... de bonnes raisons de croire que la nouvelle de sa mort a joué un rôle dans au moins cinquante des suicides qui se sont produits pendant la période de quatre semaines suivant immédiatement le 14 janvier 1999[97]. »

Le questionnement de Louise Bolduc prenait le chemin de sentiers inexplorés. Elle se demandait comment admirer une personne sans lui imposer un fardeau de responsabilités au-delà de ses capacités ? Qui sommes-nous pour demander à un être humain de prendre sur lui tous nos problèmes ? Avons-nous le droit d'empêcher un individu d'avoir des faiblesses (des moments de sensibilité) ? Comment obtenir l'équilibre entre l'admiration et le transfert de nos attentes ? Au moment où je refusais d'accepter l'insoutenable réalité, elle m'incitait à réfléchir à mon statut de personnalité publique en me demandant si, inconsciemment, j'acceptais d'être perçue comme une personne sans faiblesses ? De toute évidence, Gaétan en était convaincu. Selon elle, il s'agissait d'un piège, et le public en était complice, involontairement.

---

96 Tousignant, Michel, Mishara, Brian L., Caillaud, Aline, Fortin, Véronique et St-Laurent, Danielle (2005), « The impact of media coverage of the suicide of a well-known Quebec reporter: The case of Gaëtan Girouard », *Social Science and Medicine*, 60(9), p. 1919-1926.
97 *Ibid.*

À l'époque, le suicide de Gaétan a fait ressurgir mes pulsions suicidaires. Quinze ans plus tard, je peux affirmer sans trop me tromper que je n'ai plus l'intention de mettre fin à mes jours. Ce que j'ai appris – parfois à la dure –, c'est que l'on ne doit jamais remettre entre les mains des autres le pouvoir de juger de la qualité de sa personne. J'ai vraiment fait la paix avec moi-même, ce qui me permet d'aller de l'avant avec ce livre que je veux réconfortant pour celui ou celle qui le lira.

Apprendre à vivre son deuil

Vivre mon deuil ne faisait pas partie de mon vocabulaire (encore moins de mon emploi du temps) après la mort de Gaétan. J'ai donc poursuivi l'émission *J.E.* comme si de rien n'était. Mais, sournoisement, j'allais être plus tard coincée dans le détour. Dès lors, plus aucun jour de ma vie ne me laissait de l'espace pour oublier, ne serait-ce que quelques instants, la mort violente de mon cher ami et collègue.

Des funérailles presque nationales (quelques milliers de personnes ont défilé devant le cercueil) laissaient présager l'obligation du souvenir. L'impossible oubli... Même quinze ans plus tard, certains bien-pensants m'offrent leur sympathie et me veulent encore souffrante. J'en ai entendu «des vertes et des pas mûres», comme on dit, mais je vous éviterai le chapitre sur l'inconscience et le pâle civisme de certains... Heureusement, les bons mots l'emportent et arrivent généralement aux bons moments dans la vie.

Vivre le deuil d'une personnalité publique, lorsqu'on en est une soi-même, exacerbe le mal, la douleur. Tout devient plus gros que nature. Ce n'est pas une mais dix, vingt ou cent personnes qui vous rappellent le deuil de l'ami, du collègue.

Il me fallait de l'aide rapidement. Marc Blondeau, à l'époque vice-président Information-Affaires publiques, m'avait offert de rencontrer Johanne de Montigny, une psychologue spécialisée en incidents traumatiques. Mme de Montigny est plus qu'une spécialiste. Multifracturée après avoir survécu à un écrasement d'avion survenu en 1979, qui avait fait dix-sept morts, elle a décidé de se consacrer à l'horreur des autres. Elle s'est employée à soulager la mienne avec un profond respect. Sa voix tout en douceur me réconfortait, mais pas suffisamment pour me faire lâcher prise totalement. Je n'étais pas encore prête, trop préoccupée que j'étais par l'obligation d'être performante au travail et par ma vie en général.

Lâcher prise, ou en tout cas, essayer
Au début du mois de juillet 1999, je me suis également offert une semaine de thalassothérapie à l'Auberge du Parc, à Paspébiac, en Gaspésie. Sa propriétaire, Jeannette Lemarquand, a ressenti mon immense plaie intérieure en m'accueillant. Son regard sur moi ne laissait aucun doute ; j'étais entre de bonnes mains dans ce manoir vieux de près de deux cents ans.

Allais-je m'abandonner au point de creuser des sillons sur mes joues ? Je n'étais pas du genre *pleureuse*. Mes parents ne m'ont pas conçue ainsi. Toutefois, au quatrième jour, après plusieurs séances de bains d'algues, de réflexologie, de massages et de drainage lymphatique, le cœur et le corps ont craqué. Je redevenais humaine… Malheureusement, les huit cents kilomètres du retour m'ont rapidement fait oublier les effluves de décoctions d'algues si bien apprêtées par les formidables thérapeutes. Mon quotidien et ma réalité professionnelle avaient repris le dessus.

Un deuil? Quel deuil?

En septembre 1999, sans avoir jamais abordé ensemble nos états d'âme respectifs face à l'absence du *géant au pied d'argile*, j'amorçais la septième saison de *J.E.* avec mon équipe. *The show must go on...*

L'émission maintenait ses cotes d'écoute, au grand étonnement des patrons de TVA. Être journaliste, c'est être l'observateur de la vie d'autrui. Dans le cadre de ma profession, trop longtemps j'ai mis de côté mes propres émotions afin de favoriser et de commenter celles des autres. Vouloir être continuellement au sommet comporte un certain nombre de risques. Gaétan en a payé le prix fort. Moi aussi, j'ai longtemps cru que l'édifice chancellerait si je m'absentais, ne serait-ce qu'une journée. Je mettais donc les bouchées doubles. J'étais redevenue un bourreau de travail, parfois même un bourreau. Certains de mes collègues osaient me dire que j'étais pourtant si sympathique à l'extérieur du boulot. À la moindre contrariété, ma mauvaise humeur me rattrapait. Insidieusement, je dessinais ma porte de sortie de cette émission qui m'a permis de vivre le meilleur, et aussi le pire de ma carrière.

Il m'a tout de même fallu la mort de Gaétan pour comprendre que les cimetières sont remplis de gens irremplaçables, et que même si je quittais TVA, l'édifice ne s'effondrerait pas.

Si Gaétan ne s'était pas donné la mort, jamais vous n'auriez su que d'autres suicides avaient jalonné mon parcours. Pour mieux saisir ma décision d'accepter un jour de donner des conférences sur la prévention du suicide, permettez-moi de vous révéler les histoires d'autres départs précipités qui ont meublé des semaines et des nuits d'insomnies.

Michèle ou comment réussir son suicide

Une semaine avant son geste fatal, une amie, Michèle, cinquante-quatre ans, m'assurait que tout allait bien, tout était merveilleux et que la vie était formidable. Pourtant, elle venait de subir un autre échec dans sa vie professionnelle, alors qu'elle prétendait avoir trouvé un nouvel emploi. Elle a même emmené son chien avec elle, l'ayant méticuleusement enterré sur son terrain deux jours avant.

Dans les années 1990, une recette pour réussir son suicide circulait en toute liberté sur Internet. Dans l'anonymat d'un motel de la route 117 à Sainte-Adèle, Michèle en a suivi à la lettre les indications.

Michèle avait quitté sa France natale dans la jeune vingtaine. Rencontrée au restaurant de ma mère, nous nous sommes rapidement découvert quelques affinités.

Se sentait-elle seule ? Rejetée ? Qui sait ? Michèle avait choisi le plus dur chemin pour tenter de se faire une place dans la société québécoise. Elle n'avait pas d'homme dans sa vie. En avait-elle déjà eu ? Pas d'enfant ni de famille sur sa terre d'accueil. Ses relations amoureuses semblaient complexes et houleuses à la fois. Elle était entêtée comme un Breton, ce qui ne facilitait pas ses rapports, même amicaux !

Ma mère, tout aussi bretonne et venant de la même région que Michèle, possédait aussi ce trait de caractère. Quand elles persistaient à maintenir le cap, même les plus souples n'avaient qu'à bien se tenir.

La Bretagne a donné naissance à des humains aussi coriaces que son sol, dur, mi-marin mi-pierreux. On disait des Bretons *qu'ils avaient un caillou à la place de la boîte crânienne*.

À l'aube de ses cinquante-cinq ans, Michèle était en pleine ménopause. Une étape difficile pour bon nombre de femmes. J'en sais quelque chose[98]. Le départ soudain de Michèle m'a laissée songeuse pendant quelques années.

Aujourd'hui, lorsque je vois des amies dans la cinquantaine au bord de la crise de nerfs, je tente fortement de les encourager, de les inciter à relaxer, à prendre congé de leur travail, à consulter s'il le faut. Je veux les garder vivantes!

Mon psy aime me rappeler cette citation de Benjamin Franklin: «Ce qui blesse instruit.» Je comprends que cette souffrance est nécessaire pour savoir que l'on ne va pas bien et que des changements dans la gestion de notre vie émotive sont vitaux.

L'approche d'Eric G. Wilson, un professeur de littérature et auteur de *Against Happiness*, est fort intéressante et met le doigt sur un profond malaise très occidental: «La culture nord-américaine nous enseigne à être heureux et à éviter les émotions déplaisantes à tout prix. Pourtant, la souffrance fait partie de la vie! De la même façon qu'on a recours à la chirurgie esthétique pour réduire les bourrelets, on médicalise la tristesse normale des gens, comme celle qui accompagne un deuil, en leur faisant avaler des antidépresseurs. Il se creuse alors un véritable

---

98 Voir le chapitre «Mes chemins vers la retraite», p. 19.

gouffre entre ce que les gens éprouvent vraiment et ce qu'ils croient qu'ils devraient ressentir[99].»

Robert et Richard[100]

Enfant, j'avais un plaisir fou à jouer avec Robert et Richard, deux frères. Leurs parents et les miens, des Français d'origine, étaient arrivés au Québec presque en même temps, ce qui en avait fait naturellement des amis. Robert et Richard étaient plutôt timides ; beaucoup plus que moi. ☺ Adolescente, aucun des deux ne me laissait indifférente. Deux beaux garçons qui donnaient quelques torticolis aux filles du village. Adulte, je les ai un peu perdus de vue, mais au tournant des années 1980, à un mois d'intervalle, ils ont bouleversé toute une communauté en commettant l'irrémédiable.

Dans un moment d'une rare violence, Robert, qui était devenu policier, a utilisé son arme contre lui-même, faisant de ses deux enfants et de son épouse les malheureux témoins de ce sombre destin. Il n'est pas un cas unique : en 2012, le taux de suicide chez les policiers au Québec était d'environ 27 par 100 000 habitants[101] alors que la moyenne québécoise se situait à près de 14 suicides par 100 000 habitants[102].

Puis, un mois plus tard, son frère Richard disparaissait lui aussi. Il venait tout juste de se marier. On l'a retrouvé pendu à un arbre dans un boisé de la région d'Ottawa. Ces deux morts atroces me sont encore inexplicables et m'ont marquée à tout jamais.

---

99 Wilson, Eric G., *Against Happiness : In Praise of Melancholy*, New York, Farrar, Strauss and Giroux, 2008.
100 Prénoms fictifs.
101 http://bit.ly/VWGHK6.
102 http://bit.ly/1qQZfUf.

Un peu comme Gaétan, ces deux gaillards dans la jeune trentaine possédaient le gabarit de la réussite. Malheureusement, bien des hommes sont moins enclins à reconnaître leurs points sensibles, leurs malaises. Ils n'en parlent pas pour ne pas écorcher leur orgueil ou leur côté viril. Mais d'où venaient ces instincts suicidaires chez Robert et Richard ? J'avoue ma grande incompréhension. Certains sujets demeurent tabous. Celui-ci semble en être un. Seul le cadet de la famille a un jour accepté de me raconter les travers de cette famille qui pourraient avoir contribué à ce terrible drame.

Daureen
En janvier 2009, alors que j'étais en Floride pour une pause plaisir, j'apprends que ma voisine d'en haut s'est suicidée. Mon rapport avec Daureen était assez élémentaire. L'achat, presque simultané, de nos condos respectifs faisait de nous des amies de copropriété. Comme elle me marchait sur la tête, nous avions intérêt à faire bon ménage.

À chaque début de saison, j'avais établi un rituel. À mon arrivée en Floride, je l'appelais afin que nous prenions le porto de l'amitié saisonnière. Elle acceptait toujours cette fantaisie de ma part, puis je la revoyais très peu.

Daureen avait un côté sombre qui se reflétait même dans les teintes qu'elle avait données à son condo. Tout était noir. Les premières années, nous nous fréquentions surtout à la piscine car elle adorait nager ; un de nos rares points en commun. Puis, elle a espacé les nages et les rencontres. Les semaines précédant sa mort, je ne l'ai vue qu'une seule fois, le jour de mon arrivée en Floride. L'avant-veille de son geste fatal, je l'avais appelée pour m'excuser d'avoir été un peu trop bruyante avec mes invités, car je savais Daureen sensible au bruit.

La conversation était à peine entamée lorsqu'elle m'a appris qu'elle souffrait d'un cancer du sein. Daureen estimait qu'elle avait été mal soignée, les deux seins charcutés par son médecin après une récidive. Quatre jours après notre conversation téléphonique, on m'apprenait qu'elle s'était suicidée. « Pas encore un autre ! » J'étais en état de choc.

Et une fois de plus, mon réseau d'amis s'est organisé. C'est tout de même formidable de voir que les amis arrivent toujours au moment où l'on en a le plus besoin. Comme s'ils avaient un sonar d'émotions.

Trouver la sortie

Les Québécois ont été profondément affectés par la mort tragique de Gaétan. Je les comprends. Même si on ne connaît pas intimement la personne, comment ne pas être troublé par un geste aussi radical ?

Un suicide qui m'a marquée, pour plusieurs raisons, est celui de l'écrivain Hubert Aquin. J'aimais sa grande intelligence et son côté sombre. Gaétan Girouard lui ressemblait par certains aspects. Dans les années 1980, j'ai rencontré à quelques reprises la compagne d'Hubert Aquin, Andrée Yanacopoulo, qui a écrit une excellente biographie de son mari. Il était habité par le mal de vivre, celui qui me hante encore parfois, mais heureusement plus rarement qu'avant. Il répétait sans cesse qu'il allait mettre un terme à sa vie. Et il affirmait même avoir choisi le moment de sa mort. Ce n'est pas banal, puisque, généralement, on ne choisit pas de se suicider. Ce n'est pas une option en soi, mais plutôt une façon de mettre un terme à ses souffrances. Sa conjointe et son entourage craignaient chaque jour qu'il plonge dans le vide. C'est ce qu'il a fait dans les jardins du collège Villa Maria, à Montréal. «Aujourd'hui, le 15 mars 1977, je n'ai plus aucune réserve en moi. Je me sens détruit. Je n'arrive pas à me reconstruire et je ne veux pas me reconstruire. C'est un choix. Je me sens paisible, mon acte est positif, c'est l'acte d'un vivant. N'oublie pas en plus que j'ai toujours su que c'est moi qui choisirais le moment, ma vie a atteint son terme. J'ai vécu intensément, c'en est fini[103].»

Encore aujourd'hui, je ne sais pas s'il s'agissait d'un véritable choix. Une personne heureuse ne devrait pas avoir de tendances suicidaires. Aquin était un être dépressif, il avait des relations tendues avec sa première famille. Il n'avait pas de contact avec ses fils de sa précédente union. Bref, sa vie n'était pas un jardin de roses.

Je le répète, le suicide ne fait plus partie de mes options, en tout cas, tant que j'aurai la santé. Je ne sais si c'est l'influence d'Hubert Aquin, mais je ne peux écarter cette avenue. S'il me fallait devenir totalement dépendante des autres...

Mais pour le moment je n'en suis pas là.

**Un jour, j'ai choisi la vie
avec tout ce que cela comporte**
Après de multiples refus à plusieurs associations, j'ai fini par accepter de témoigner de mes expériences difficiles face à un sujet qui, même en 2014,

---

103 Yanacopoulo, Andrée et Sheppard, Gordon, *Signé Hubert Aquin*, Montréal, Boréal express, 1985.

demeure tabou pour une bonne partie de la population. N'est-ce pas incroyable qu'avec tous les écrits et les émissions sur le sujet, on ne soit pas plus attentifs à la misère humaine ?!

C'est une jeune chanteuse, Martine Montpetit, qui m'a approchée en 2008 pour agir à titre de marraine d'un spectacle-hommage à son grand ami Patrick Bourque, au théâtre du Vieux-Terrebonne. Bassiste pour l'émission télévisée *Belle et Bum* et musicien de la formation Emerson Drive, Patrick Bourque s'était enlevé la vie un an plus tôt. Martine aurait pu se contenter de pleurer sa peine, mais ne faisant ni une ni deux, elle s'est retroussé les manches et elle a fait appel aux amis musiciens et chanteurs pour célébrer la vie. Comment aurais-je pu lui refuser une telle requête alors que j'ai aussi choisi la vie ? Martine faisait aussi partie de la relève, de l'espoir, de cette jeunesse qui croit que tout est possible. Pour rien au monde je n'aurais voulu la décourager. Et j'étais ravie, pour Martine et pour la cause, de voir une salle remplie au maximum de ses capacités. Si ce genre de geste pouvait changer la donne !

Je suis extrêmement sensible et inquiète lorsque je lis que le suicide est encore, et de loin, la première cause de mortalité chez les 20-34 ans, particulièrement chez les hommes[104].

D'accord, on dit aussi que le taux de suicide diminue, mais le nombre de dépressions et d'ordonnances d'antidépresseurs ne cesse d'augmenter, selon un rapport fourni en 2012 par IMS Brogan[105]. Je sais, ce ne sont que des chiffres ! Je me permets

---

104 http://bit.ly/1qQZfUf.
105 http://bit.ly/1vZin75.

ici de poser un jugement de valeur et de penser qu'ils sont le reflet de ce que nous voyons dans nos vies quotidiennes : des gens malheureux, agressifs et dépressifs ; finalement, des gens qui ont besoin d'aide. Mais même dans un contexte idéal (belle vie, famille, travail, succès) comme semblaient le vivre Gaétan, Robert et Richard, le doute et l'insécurité ne font aucune discrimination, n'ont pas de frontière, et cela peut mener tout droit à la dépression et, éventuellement, au suicide.

En 2011, un nombre record de 14,2 millions d'ordonnances ont été délivrées par les pharmaciens[106]. C'est un million d'ordonnances de plus qu'en 2010, ajoute l'organisme qui se spécialise dans le domaine de la consultation et des renseignements sur le marché pharmaceutique.

Parfois, je me sens bien seule dans mon univers sans psychotropes. Malgré mes déprimes passagères, je résiste. Pas question de m'ajouter aux statistiques ! Mais Dieu que la résilience est dure à préserver parfois !

Mashteuiatsh : au bord de la souffrance

En 2012, tout juste avant mon passage dans la communauté de Mashteuiatsh, au Lac-Saint-Jean, pour y donner une conférence sur la prévention du suicide, j'apprends qu'un autre adolescent venait de passer à l'acte. Dans les communautés autochtones, la misère est tellement palpable et le désespoir atrocement grand, que le taux de suicide est de cinq à sept fois plus élevé chez les jeunes

---

106 http://bit.ly/1wYqzIO.

des Premières Nations que chez les jeunes non-autochtones[107]. Trop d'adolescents des Premières Nations ne voient aucun avenir pour eux, aucune issue. Mon psychologue m'a beaucoup appris sur le désespoir. J'ai retrouvé ces notes : le désespoir est tributaire du sentiment d'impuissance à changer ce que l'on subit et ce qui nous fait souffrir. Sur le plan de la neurophysiologie, il stimule l'entrée en scène du système inhibiteur de l'action (le SIA), découvert par Henri Laborit, médecin et biologiste français. Résultat : on ne peut plus bouger et on s'éteint lentement. C'est physiologique. Aussi, une personne suicidaire ressentirait une douleur physique intolérable durant les jours et les heures qui précèdent le geste fatal[108]. C'est ce qui l'amènerait à passer à l'acte.

Dans les quelques bas-fonds de mon existence, c'est exactement ce que j'ai pu ressentir : aucune issue. Quelle douleur !

Pourtant, en arrivant à Mashteuiatsh, j'étais impressionnée par les lignes de cette colline se jetant dans le lac Saint-Jean d'où je percevais l'infini. Il me semblait que tout était possible dans cette petite communauté innue, mais la quiétude du paysage ne reflétait pas le désespoir de ses habitants.

En entrant dans le musée amérindien construit près des rives du Pekuakami[109], on ressent toutefois ce désir de vivre, cette envie de se perpétuer dans le temps.

Le patrimoine culturel innu est bien conservé. Il donne des signes évidents que tout n'est pas noir,

---

107 Santé des Premières Nations et des Inuits : Rapport Santé Canada : http://bit.ly/1pymlDL.
108 http://bit.ly/1zZmIHz.
109 Le lac Saint-Jean.

que l'on ne sombrera pas dans l'oubli. Mais comme dans toute activité communautaire, partout où l'humain existe, les actions passent par une minorité de gens impliqués. Trop peu tiennent le fort, trop nombreux sont ceux qui se laissent abattre.

Les taux de suicide chez les jeunes Inuits sont parmi les plus élevés au monde, soit onze fois plus que la moyenne nationale[110]. On peut parler d'épidémie. Dans la salle comble du musée, je me sentais une immense responsabilité en apercevant ces regards d'espoir de parents, de sœurs, de frères et de grands-parents. Je n'étais pas préparée à être le messie venu donner la parole salvatrice. On m'avait toutefois prévenue que ce public serait en apparence plus froid, plus discret, moins communicateur.

Il n'en fut rien, bien au contraire. Après ma conférence, une longue file de personnes attendait ma poignée de main et quelques mots de réconfort. Quelle ne fut pas ma stupeur d'entendre cet homme me raconter que son épouse et ses trois fils étaient passés de l'autre côté de la vie. Il voulait tellement trouver un sens à mes propos! J'ai quitté le musée de Mashteuiatsh sonnée par tant de témoignages de souffrance. Je n'avais jamais entendu parler d'autant de cas de suicides en une seule soirée. Dans la grisaille de l'hiver jeannois, je cherchais des explications. Le mot *projet* me revenait constamment à l'esprit. Pas de projets, pas de vie, pas d'évolution.

Qu'on le veuille ou non, la vie se veut un mouvement, un projet que l'on a à cœur, mais pas au péril de sa vie!

---

110 Santé Canada, *Prévention du suicide*, http://bit.ly/1pymlDL.

La performance à tout prix : un désastre

> «Le culte de la beauté et de la
> performance, développé, sublimé, réunit
> dans les pays occidentaux plus de
> fidèles que toutes les religions.»
>
> Bernard Pivot

La performance ne devrait pas être le signe de l'accomplissement de la réussite. Malheureusement, trop de gens ne se définissent que par le travail. Comme si ailleurs, il n'y avait point de salut possible. Pierre Chouinard, animateur à la radio de Radio-Canada de 1972 à 1982, s'est suicidé dans les toilettes de l'édifice de la Société d'État après avoir été remercié de ses services.

Mon travail a également été, trop longtemps, l'unique source de ma vie. Dans les années 1980, Jacques Camirand, un des journalistes les plus respectueux qu'il m'ait été donné de connaître à la radio de CKAC, m'avait passé ce message en douceur : «Jocelyne, apprends à avoir le sens de l'humour si tu veux survivre dans ce milieu, sinon tu vas te faire bouffer tout rond.» Après trente-cinq ans de métier, j'ai fini par comprendre que l'on peut être très professionnel sans s'obliger au perfectionnisme. Dans notre société, «[...] au nom de la performance, on a écarté tout ce qui pourrait nous ralentir : spiritualité, pensée, doute, émotion, différence», a écrit l'auteure Flore Vasseur dans un excellent texte sur le culte de la performance[111].

Plus le temps passe et moins je ressens cette obligation d'être performante lorsqu'on me

---

111 http://blog.florevasseur.com.

réclame dans mes champs de compétence. Que ce soit lors d'invitations à des émissions de télévision ou de radio, dans des conférences ou pour l'animation de congrès ou de colloques, je ne m'oblige plus à la perfection ou à devoir prouver que je suis capable. Et comme rien ne se fait seul, j'y ai beaucoup travaillé avec l'aide de mon psychologue, que je consulte encore lorsque j'en ressens le besoin.

Ainsi, seul le plaisir m'anime dans la réalisation de mes mandats. Il s'agit toutefois d'un luxe que trop peu de gens se permettent. C'est après avoir fait le deuil de mon emploi que j'ai enfin constaté que je n'avais pas à être performante à tout prix pour offrir un bon rendement dans mes activités. Je veux que cette conscience m'amène tout droit vers une plus grande cohérence.

La tourmente de tous les autres deuils

Mon deuil de la cigarette
En 1999, les symptômes de ma ménopause ont commencé à se manifester. Pour ajouter du sable dans l'engrenage, j'avais entrepris, pour la ixième fois, de faire le deuil de la cigarette, entraînant dans mon ultime bataille Micheline Larrivée, la réalisatrice de *J.E.* Elle avait des gènes de cancer du poumon et, incidemment ou non, elle ressentait l'urgent besoin d'en finir avec la nicotine.

Micheline et moi avions plusieurs affinités. Outre la cigarette, nous aimions les repas bien arrosés ainsi que le golf, qui nous réunissait fréquemment. Elle était d'un an ma cadette. D'un commun accord, nous avions retenu la date du 7 août 1999 pour notre Grande Libération. Dans l'actualité de ce jour

important pour Micheline et moi, les scribes res-
tèrent affamés ; rien de spécial, sauf le défi de notre
vie à ce moment-là.

Écraseeeee !
Je riais jaune chaque fois qu'une âme charitable
me servait le fameux : « Il faut de la volonté pour
écraser. » De la volonté ? Il me semble que je n'en ai
pas manqué tout au long de ma vie, mais jamais je
n'ai réussi à cesser de fumer ce maudit gazon.

Encore aujourd'hui, je refuse d'associer la
volonté à la dépendance physique et psychique à la
cigarette. La volonté se veut une grande _faculté qui
accepte que l'on se détermine librement à accomplir
ou non certains actes_[112]. Je n'étais pas libre de lâcher
ce petit bout de quatre pouces que mon corps récla-
mait à coups de deux paquets par jour depuis près
de trente ans.

En cachette, à la sauvette ou dans les escaliers
d'urgence de TVA, je nous vois encore, Micheline
et moi, ou d'autres collègues, nous faire accroire
qu'elle était _si agréable_, comme le chantonnait
Claire Gagné dans une publicité de Du Maurier
dans les années 1960.

La clope nous permettait de régler tous les problèmes de la planète, et bien d'autres encore. Mes
problèmes de voix, eux, par contre, s'accentuaient à
un rythme affolant. Je me réveillais la nuit pour cra-
cher cette désagréable verdure. J'étais continuellement en conflit avec une partie de moi-même.
C'était vivre, ou mourir à court ou moyen terme
d'une maladie reliée au tabac. Claude Charron,
l'animateur de l'émission _Le Match de la Vie_ au

---

112 Dictionnaire Antidote.

réseau TVA, m'avait clairement fait comprendre qu'il se sentait comme un alcoolique face à la cigarette : « Une c'est trop, et mille, c'est pas assez ! » J'ai acheté l'idée !

Comme journaliste, je lisais fréquemment des articles sur les effets néfastes de la cigarette et les quatre mille substances toxiques qu'elle contient, dont « plus de 70 causent, déclenchent ou favorisent le cancer[113] ».

Pendant trois décennies, c'était comme si le message ne me parvenait pas. Même à l'époque où j'enseignais le ski, mon ami Guy Thibodeau me taquinait et me provoquait en me disant que je serais bien meilleure en ski si j'écrasais. Ma réplique l'avait laissé pantois : « Si je ne fumais plus, tu ne pourrais plus me suivre… »

Durant pratiquement toute mon adolescence, mes parents m'ont offert de l'argent si je persistais pendant un an à me détourner de ce vice. Trente années pendant lesquelles le regard et le jugement des autres face à cette sale habitude n'ont eu aucun effet sur ma tête dure.

Mais revenons à Micheline. Trois mois après ce dernier chemin de croix, elle fit une rechute, pour une ixième fois de sa vie, sans se douter à ce moment-là que cet échec lui serait fatal deux ans plus tard. Deux jours avant qu'elle meure, le 26 avril 2002, j'ai vu ce squelette grisâtre devant moi. J'ai eu tellement de peine ! L'évidence, enfin, s'imposait : plus jamais je ne nettoierais de cendrier.

---

113 Santé Canada, *Faits scientifiques sur le tabac*, http://bit.ly/1vBLWxX.

Le deuil du poids idéal

> «Il nous fallut être mince et le rester.
> Désormais, le monstre est tricéphale: on
> n'a pas le droit d'être laide, pas le droit
> d'être grosse, pas le droit d'être vieille.»
>
> Jocelyne Robert

Fin août 1999, j'amorçais la nouvelle saison de télévision, seule à la barre de l'émission *J.E.* J'avais dépensé une petite fortune pour une nouvelle garde-robe, mais ma taille de guêpe allait radicalement disparaître. Résultat de deux combinaisons explosives: la cigarette que j'ai écrasée une fois pour toutes et les hormones qui se sont faufilées dans mes veines et m'ont gonflée de dix kilos presque instantanément. Tout de même incroyable, de voir ses formes se redessiner en si peu de temps!

La meilleure description de ce deuil qui m'agressait de plein fouet vient de la sexologue Jocelyne Robert: «On passe de fée à sorcière, imperceptiblement. L'usure s'insinue en nous, subreptice et sournoise, au fil des ans. [...] On ne sent rien [...] et puis, d'un coup, l'érosion, qui a vachement fait son travail de sape, dans le vif de nos cellules, [...] dans nos cheveux, [...] nous fait BEU! [...] Alors, on triche, on gomme, on se raconte des balivernes, on fait comme si ça ne nous concernait pas[114].»

Je me souviens de l'air d'Yvette, mon habilleuse chez Ogilvy, lorsqu'en novembre elle me voit réapparaître, pas une, mais deux tailles supérieures plus loin. Yvette était déconfite. L'importance que j'accordais à ce moment-là au regard des autres

---

114 Robert, Jocelyne, *Les Femmes vintage*, Montréal, Éditions de L'Homme, 2010.

n'arrangeait en rien le comportement agressif que
je traînais avec moi depuis la mort de Gaétan.

Cinquante livres en six mois
Dans les années 1970, j'avais souffert d'un excès
de poids. Encore une fois une prise de kilos en un
temps record. Après ma séparation d'avec mon mari,
j'ai entrepris un long séjour dans l'Ouest canadien.
À l'époque des hippies, Banff était la destination
culte d'une jeunesse débridée.

En fait, c'était plutôt mon côté sportif et le désir
de parfaire mon anglais qui m'attiraient vers les
montagnes Rocheuses. Derrière moi, je laissais mari,
amant et parents pour une période indéterminée. Le
miroir des autres, celui des gens qui nous aiment,
avait par conséquent disparu. Si bien qu'en six mois,
ce corps que je supportais nuit et jour depuis vingt-
trois ans m'avait joué un vilain tour. Il avait suc-
combé aux célèbres *cheese cakes* de la province
et autres matières grasses. Aucune voix, aucune
conscience ne m'a ramenée à l'ordre.

Six mois plus tard, je venais de terminer mon
mandat chez Monod-Sports, une boutique de skis,
et j'étais seule dans un bar de Vancouver lorsque,
soudainement, j'ai eu l'envie de retrouver mon village et ma famille. J'ai fait ni une ni deux, et je ne
pouvais qu'espérer que ma vieille Datsun réponde
à mon empressement d'arriver sans tarder à
Saint-Sauveur-des-Monts.

Plus jeune, j'ai connu un père trop souvent dur
à mon égard, surtout lorsque les garçons ont commencé à tourner autour de moi. Continuellement,
j'avais une conduite bien précise à adopter pour
mériter sa reconnaissance. Donc, à mon arrivée au
restaurant, mon père m'accueille ainsi : « Quelle

horreur! Annick, viens voir ta fille, c'est épouvantable.» J'aurais dû rester collée à mon siège, au bar de Vancouver! Vous ne pouvez pas imaginer à quel point j'ai regretté ma folie passagère de ce soir de scotch dans l'Ouest canadien.

Pire! Mon père ne fut pas le seul à me rejeter ainsi. Guy, l'amant qui avait fait de moi une femme adultère un an plus tôt, au premier soir de nos retrouvailles, a clairement refusé mon excès de poids.

Dès lors, j'ai fait le deuil de tout un pan de ma vie.

Le deuil de ma quiétude

Septembre 2001 : le monde a changé radicalement. Mon petit monde à moi m'a servi un *uppercut* qui allait affecter ma santé physique ; pendant huit ans, j'avais joué avec le feu en animant une émission qui dénonçait les malversations, les fraudeurs et les malfrats de ce monde. Lorsqu'on *tripote* dans les travers du genre humain, on doit s'attendre à ne pas plaire à tout le monde. Au fil des ans, il m'est souvent arrivé de regarder sous l'auto pour voir si des fils pendaient. Cette peur, cette pression ressemblaient à un serpent venimeux : le mauvais stress faisait son œuvre et s'infiltrait avec son poison.

Je venais à peine de savourer mon premier café dans ma campagne tranquille en ce samedi 8 septembre 2001. J'étais plutôt de bonne humeur. J'avais quitté l'équipe de *J.E.* et j'entamais ma nouvelle émission *Dans la mire.com* avec une relative sérénité.

À la une du *Journal de Montréal*, une mauvaise surprise m'attendait : une photo de moi pleine grandeur. Ma première réaction a été : «Pourtant, je ne suis pas morte et je n'ai commis aucun crime!» La réalité était tout autre. On pouvait lire sur la page frontispice que «Jocelyne Cazin était sur la liste des tueurs». Immédiatement, j'agrippai le téléphone pour vite aviser ma mère et mes proches que tout était sous contrôle. J'étais atterrée.

Bien sûr, j'étais consciente que j'avais une épée de Damoclès au-dessus de la tête depuis ma rencontre, quelques semaines plus tôt, avec mon collègue du journal Michel Auger. Il m'avait appris, sans mettre de gants blancs, que je faisais partie de cette courte liste de personnes dont la tête était mise à prix par les Hell's Angels.

Lui-même avait failli perdre la vie l'année précédente dans un attentat perpétré par ce groupe criminel. C'est probablement ce qui l'avait motivé à publier un livre sur le crime organisé[115].

Dans cet article, on apprenait que l'ex-directeur du Service de police de la Communauté urbaine de Montréal, Jacques Duchesneau, et le ministre de la Sécurité publique, Serge Ménard, se retrouvaient aussi dans la mire des Hell's Angels.

Deux semaines plus tard, quelques instants après avoir donné une conférence, j'ai senti le sol glisser sous mes pieds. Mon corps me laissait tomber. Diagnostic des médecins : une pleurésie accompagnée d'un choc post-traumatique. Trois mois sur le carreau, à m'imaginer devoir aussi faire le deuil de la télé, de mon métier, de mes collègues et même de mes amis. J'ai vécu des jours de peur et de solitude, souffert de tourments intérieurs et parfois même, d'agonie.

Comme à d'autres moments dans le courant de mon existence, j'ai persisté à choisir la vie. Cette

---

115 Auger, Michel, *L'Attentat*, Montréal, Éditions Trait d'Union, 2001.

fois-ci, sans attentes et sans me préoccuper du meilleur ou du pire qui pourrait m'arriver. Mais je savais que j'avais sérieusement besoin d'aide.

Frapper aux portes des professionnels pour m'aider à devenir une meilleure personne ne m'a jamais dérangée. Parce que le doute s'était incrusté en moi, le recours à un *coach* de vie plutôt qu'à un psychologue me semblait, à ce moment-là, plus approprié. Les bons *coachs* de vie, comme celle qui était sur ma route à ce moment-là, développent les forces, les capacités de leurs clients, tout comme un *coach* sportif. Je le rappelle, j'étais à un tournant de ma carrière, je doutais totalement de mes capacités de revenir en ondes.

C'est le doute qui a tué mes amis. Ils ont été assassinés par cette insécurité qui les ravageait petit à petit, sournoisement, mais avec une redoutable efficacité.

Les ravages du doute

«J'aime les gens qui doutent. Les gens qui trop écoutent leur cœur se balancer... Ceux qui n'auront pas honte, de n'être au bout du compte, que des ratés du cœur pour n'avoir pas su dire : délivrez-nous du pire, et gardez le meilleur.»

Anne Sylvestre, *Les gens qui doutent*

Le doute fait aussi partie de ces irritants qui, parfois, nous empêchent de vivre exactement ce que l'on a envie d'être ou ce que l'on est véritablement. Il y a des gens que le doute empêche carrément de fonctionner. Il les fige, les bloque, les garde sur place, les rendant ainsi incapables de prendre leurs responsabilités dans des moments parfois cruciaux.

Cette forme de doute constitue un véritable cancer, celui de l'affectivité, un solide terrain où se construisent la culpabilité et le sentiment d'infériorité. Sans être une experte en la matière, je sais pertinemment que lorsqu'on fait face au mur, quand on est dans le brouillard total, au fond du lac, ce n'est plus de choix dont il est question, mais de comment mettre un terme à sa souffrance. Le doute a tenté quelques fois au cours de mon existence de m'assassiner.

Le double obscur

> « Je voyais monter d'une nuit jusqu'alors
> inconnue la secrète et terrible
> puissance des profondeurs. »
>
> Henri Bosco

C'est le célèbre psychiatre Carl Gustav Jung qui aurait inventé la théorie du double obscur, selon laquelle ce serait la partie inconsciente de la personnalité, l'ombre, qui provoque les ravages chez l'être humain.

Marc Fisher, dans son livre *Le Golfeur et le Millionnaire*[116], rapporte que l'œuvre de ce double obscur serait parfois le doute, qui tente de déstabiliser votre base s'il la sent fragile.

Inspiré par la théorie de Carl Gustav Jung, Marc Fisher fait dire à son millionnaire désireux de convaincre le jeune golfeur qu'il peut accéder

---

116 Fisher, Marc, *Le Golfeur et le Millionnaire*, Montréal, Éditions Québec Amérique, 1996.

au circuit de la PGA : « Parce que vous vous appro-
chez de la victoire, il [le double obscur] va réapparaître [...] et que cette victoire menace son existence [...]. Chez la plupart des êtres, ce double
obscur est invisible, ce qui lui donne peut-être
encore plus de pouvoir, car on ne croit pas en son
existence [...]. Votre double obscur [...] vit [...] de
vos angoisses, de votre sang, comme un véritable
vampire [...]. Il ne peut vous tuer de ses propres
mains [...]. Il veut vous détruire moralement, il veut
vous pousser à vous tuer vous-même[117]... »

Ce livre, qui se veut tout simple, m'a rendu de
grands services lorsque mon double obscur tentait
de rogner mes assises et, par conséquent, ma sérénité. À chacune de mes conférences, je me fais un
devoir de suggérer ce livre.

Le deuil de mes illusions

À l'époque où je tentais de faire ma place parmi les
hommes comme journaliste, il m'est arrivé à quelques
reprises de vouloir tout foutre en l'air, tellement mes
blessures intérieures étaient grandes et le doute,
dévastateur. Alors, je me suis accrochée aux théories
de l'Association québécoise de prévention du suicide
selon lesquelles *le suicide n'est pas une option*.

Au début des années 1970, des femmes dans une
salle des nouvelles étaient l'exception. Plusieurs
années auparavant, vers la fin des années 1940,
Judith Jasmin avait, grâce à sa détermination et sa
force de caractère, réussi à percer, à être *un gars de
la gang*, comme on disait souvent. Mme Jasmin a été
la première femme *grand reporter* à Radio-Canada.
Toutes les jeunes femmes journalistes comme

---

117 *Ibid.*, p. 24.

moi avions une admiration sans bornes pour cette grande dame de l'information. Je suis arrivée dans le milieu beaucoup plus tard, mais même à mes débuts il fallait avoir des nerfs d'acier pour ne pas se décourager. Une de mes premières tentatives d'incursion dans une salle des nouvelles s'est avérée catastrophique. Le directeur de l'information m'a carrément renvoyée à mes fourneaux en me suggérant d'aller faire des bébés, tout en précisant que jamais une femme ne travaillerait dans sa salle des nouvelles. C'était en 1970. Je venais à peine de terminer mon cours à l'Académie nationale des annonceurs. Ma classe ne reflétait pas tout à fait ce qui se passait dans la vraie vie. Nous étions dix-neuf étudiants, et j'étais la seule femme. Ces hommes-là n'étaient pas encore contaminés par les vieux machos ou misogynes du temps. Avec eux, je ne ressentais aucune discrimination. Au contraire, ils étaient des confrères plutôt ouverts d'esprit et respectueux. J'ai aimé retrouver, une vingtaine d'années plus tard, des gars comme Roger Jobin, à TVA-Chicoutimi, et Gilles Senécal à la radio de Jean-Pierre Coallier. À notre connaissance, nous étions les seuls de la formation à avoir suivi le même sentier des communications.

Un gars d'la *gang*
Mon éducation et l'attitude de mes confrères de classe ne laissaient aucunement présager les barrières sexistes qui m'attendaient à mon entrée dans la vraie vie. Dans les années 1950-1960, mon père et ma mère m'ont éduquée comme un être à part entière. Jamais je n'ai senti que les femmes étaient inférieures ou confinées à un rôle secondaire dans la société.

Au restaurant, mon père lavait la vaisselle, prenait soin de moi plus encore que ma mère. Jamais je n'ai entendu mes parents dire qu'il me fallait devenir infirmière ou institutrice parce que j'étais une fille. Je leur dois une fière chandelle! C'est en partie grâce à leurs valeurs d'égalité que j'ai probablement tenu tête aux pires embûches.

En 1975, lors d'une audition dans une station de radio montréalaise, on m'a même demandé d'avoir une voix d'homme lors de l'essai en ondes. Ma réplique me refusa toute chance d'obtenir le poste : « Désolée, je n'ai pas ce qu'il faut entre les deux jambes.»

Ces inepties, je les ai entendues à quelques reprises, jusqu'à ce que le mouvement féministe commence à faire le ménage dans les *boy's clubs* de ce monde. Rejeter la candidature d'une femme parce qu'elle était une femme devenait plus gênant. En contrepartie, j'ai connu des hommes d'exception qui m'ont ouvert les portes en voyant en moi un potentiel intéressant. Pierre par pierre, marche par marche et larmes après larmes, j'ai franchi les multiples obstacles qui m'ont un jour permis de faire le plus beau métier du monde.

En 1979, Pierre Arcand, alors directeur de l'information à CKAC-Télémédia, m'offrait de prendre la relève de Richard Desmarais au poste de reporter aux faits divers. Jamais on n'avait vu une femme couvrir ce qu'on appelait les chiens écrasés, les meurtres, les incendies, et, de toute évidence, jamais on ne voulait en voir une dans l'équipe.

Pierre Arcand avait d'abord osé m'engager aux nouvelles un an plus tôt. Une seule femme y était alors, Nicole Deschênes, que j'ai suivie plus tard à

Télé-Métropole. On nous tolérait, sans plus. Mais aux faits divers, c'en était trop.

On me testait jour et nuit. Je ne manquais aucune information. J'étais mariée à mon téléavertisseur. On voulait que je fasse mes preuves. On ne me savait pas battante à ce point! Très honnêtement, je ne le savais pas non plus! J'avais quand même perdu vingt livres en deux mois. Je ne suis pas convaincue, aujourd'hui, que j'accepterais de refaire ce parcours. Mais parce que j'ai osé, je n'ai aucun regret.

Une nuit passablement tumultueuse, après un incendie de cinq alertes, j'étouffais littéralement à cause de l'odeur de fumée qui ne me lâchait plus. Je n'avais qu'une idée en tête : m'enfouir au fond de mon lit et dormir les quelques petites heures qui restaient avant que le jour ne se lève. À peine étais-je arrivée à ma résidence que le chef de pupitre me téléphonait pour me signaler la découverte d'un squelette à Saint-Lin, dans les Basses-Laurentides.

Je n'osais croire à son culot, son effronterie de me demander de fouiller cette histoire à cette heure tardive. Il venait à peine de recevoir mon dernier compte rendu sur l'incendie de la nuit. Le squelette n'allait pas s'enfuir ou se réveiller! J'étais enragée, dégoûtée, écœurée. Bref, j'étais à *boutte*!

Dieu merci, je pouvais compter sur mes amis. Je leur dois beaucoup. Dans les moments de découragement et de grande fatigue, ils me ramassaient à la petite cuillère. Rien ne devait paraître une fois arrivée au travail. Ma santé mentale et physique en prenait un dur coup, mais j'avais la très nette impression qu'aucun autre choix ne s'offrait à moi si je voulais être *un gars de la gang*, comme l'avait été Judith Jasmin et quelques autres *superwomen*.

Afin de mieux m'armer, j'avais aussi entrepris de suivre des cours de wendo. Une invention réalisée par des femmes québécoises pour des femmes afin de leur permettre de mieux se défendre en cas d'agression. Sa philosophie – la meilleure défense, c'est d'attaquer – nous fait prendre conscience de notre propre force. Ainsi, on passe de victime à battante.

Avec le recul, je me rends compte que je n'ai pas toujours bien utilisé cette méthode. Mon agressivité, envenimée par les railleries de certains de mes collègues, est devenue en quelque sorte une étiquette qui m'a collé à la peau au-delà de mes trente-cinq ans de métier. Parfois, j'aimerais faire un *coming out* sur la nouvelle Jocelyne : NON! JE NE SUIS PLUS AGRESSIVE! ☺

Le deuil de mes illusions
à l'égard de mes vedettes

Mon double obscur a toujours accompagné mon insécurité maladive. Vous devinez ma dualité : déterminée, mais si petite intérieurement. Ce double obscur s'est manifesté à chaque épisode de ma vie, sous des formes parfois surprenantes. À l'époque de CKAC, il me giflait, me fouettait presque quotidiennement.

On peut penser que des animateurs vedettes au sommet de leur gloire n'ont plus rien à envier. Mais si on marche le moindrement dans leur plate-bande sans même une arrière-pensée, ils vous foudroient de leurs mots assassins et incisifs.

Je m'explique. Un des animateurs qui faisait la pluie et le beau temps de la station ne m'avait pas dans ses bonnes grâces. Il me regardait de haut, presque avec dédain. Un jour, dans les couloirs de la station de radio, il m'a suggéré de faire autre chose que journaliste. J'en étais sonnée. C'était en

1984. Un an plus tard, je recevais le prix Judith-Jasmin, qui récompense le meilleur reportage d'une émission d'affaires publiques à la radio. Voilà des moments de reconnaissance qui donnent le goût de continuer. Quelques rares personnes méritent aussi toute ma gratitude, je pense notamment à l'animateur Jacques Proulx, un grand gentleman qui, sans le savoir, m'a aidée à persévérer.

Il rôde encore

Certains jours, le double obscur refait surface. Ce jour-là, il a le visage de cette femme de qui j'exigeais un dépôt sur la location d'un chalet. Elle en a été traumatisée.

Rien à voir avec ma vie professionnelle, c'est vrai, mais tout à voir avec la douloureuse période qui a suivi le suicide de Gaétan. Je ne veux pas pratiquer l'autoflagellation, mais je sais que j'ai fait mal à plus d'une personne à quelques reprises au cours de mon existence. J'ai accumulé quelques tableaux d'ennemis.

Elle n'est pas une amie, tout au plus une relation d'affaires qui a mal tourné. Je dis souvent qu'il n'y a pas de hasard, que des rendez-vous. Mais le hasard a voulu que nous fassions partie de la même confrérie golfique. J'étais incapable de soutenir ses regards assassins dans une ambiance où seul le plaisir devrait régner! Douze ans après ma bévue, une autre saison de golf s'amorce. Je la rencontre dans le stationnement du club. Je tends une perche en osant espérer un pardon. Elle s'arrête comme à un feu rouge que l'on voit à la dernière seconde et se décide enfin à me raconter sa blessure, encore vive, de toute évidence.

En écoutant cette femme écorchée, je constate que notre petit différend avait pris une ampleur démesurée que rien, pas même mon offre de remboursement, ne pouvait effacer. L'effet boule de neige avait fait un désastre. Une amie, pour me consoler de cet échec, me dira ce que je sais déjà, qu'on ne peut être aimé de tous. Le grand drame de ma vie !

Le deuil d'amis
Perdre des amis proches à cause de mes défauts a attisé mes pulsions suicidaires. Je ne connais pas vraiment l'ampleur d'une peine d'amour. Mais si elle est aussi vive et brûlante qu'une peine d'amitié, il me semble donc vrai que l'on peut *mourir d'aimer*. J'ai bien failli y laisser ma peau à quelques reprises, tant la douleur de perdre une amie m'a fait sombrer jusque dans l'idée d'en finir.

«À qui ferais-je de la peine si j'étais moi-même?» Ces paroles de l'écrivain Jacques Salomé me protègent aujourd'hui. Je me suis dit, c'est donc ça!!! Oui, j'ai fait de la peine à quelques personnes et j'ai perdu des amis dans le parcours de ma vie pour avoir été un peu trop moi-même.

Il est tout de même vrai, comme l'écrit très justement Alexander Lowen, que : «La plupart des gens vivent dans la peur d'être pleinement vivants[118].» Avec les années et un peu de sagesse, j'essaie de demeurer intègre (pleinement vivante) tout en étant un peu plus diplomate et conciliante. Encore une fois, je suis un *work in progress*.

**Un homme agressif a du caractère,
une femme agressive est hystérique**
Oui, j'ai une grande gueule, oui, je suis intense. Ce sont d'ailleurs ces traits de caractère qui m'ont permis de m'imposer comme journaliste

---

118 Lowen, Alexander, *La Bio-énergie*, Paris, Éditions Tchou, 1992, p. 117.

et animatrice. Il y a évidemment bien des raisons qui ont façonné l'exubérante personne que je suis devenue. Au fil de ma construction, des amis se sont greffés à ma charpente, d'autres s'en sont détachés. Mon intensité plaît à certains et finit parfois par en déranger d'autres, ceux-là même qui m'en félicitaient. Je suis maintenant à une étape de ma vie où je ne deviens pas plus molle, mais plus souple, un peu comme le roseau de la fable de La Fontaine.

J'apprends à me soigner de mes imperfections à force d'enterrer des amitiés. Toutefois, la perception des autres balaie parfois les meilleures intentions. La dernière fois, sur un terrain de tennis, j'étais loin de me douter que ces coups de raquette allaient m'éliminer du match de sa vie à tout jamais. Le problème, avec le « non-dit », c'est qu'il cause des ravages bien plus violents que n'importe quelle parole dure. Il se faufile dans l'imaginaire, tisse sa toile invisible, gruge les parois sentimentales et : « Un matin, ça ne prévient pas, ça arrive… Et tous seuls dans le silence d'une nuit qui n'en finit plus […] Voilà que soudain on y pense […] À ceux qui n'en sont pas revenus[119]… »

La torture, avec cette amie, a duré plusieurs mois. Tous ces non-dits; que me valait un tel supplice? Allait-elle s'effacer de mon univers sans explications? Oui! Je me suis sentie comme un vieux déchet qui a perdu son utilité, parce que trop utilisée. Après avoir tant partagé, consolé, écouté, donné des trucs, des références, après avoir encouragé, pour aboutir aux rebuts, il m'a bien fallu comprendre que je n'étais pas douée pour la *grande mélodie*[120]. En

---

119 Barbara, *Le Mal de vivre*, 1964.
120 *La Grande Mélodie*: référence à la chanson de Jean-Pierre Ferland de 1968.

ouvrant mon placard, je retrouve malheureusement quelques squelettes d'amitiés qui ont mal tourné.

L'amitié parfois ne vaut pas cher, mais elle peut aussi être riche de merveilleuses surprises. Ce n'est que le temps qui fait la démonstration de sa solidité. Il nous faut continuellement apprivoiser le fait que nous sommes strictement de passage. Une amitié meurt, une autre naît, c'est le principe même de la vie.

C'est encore plus vrai à l'ère d'Internet, des réseaux sociaux, du clic en un clin d'œil. Les amitiés se transforment la plupart du temps en éphémères. Elles filent comme l'éclair ; tant les amours que les amitiés sont jetables, et facilement renouvelables. C'est la mode des amis gonflables, sans profondeur, remplis d'air et sans véritable cœur. Bienvenue dans l'univers du Web !

Tu me connais et tu m'aimes quand même !
Les années 2012 et 2013 ont été pour moi deux années de grands changements, de bouleversements et de deuils : ma mère, deux amis, ma maison. Oui, ma maison ! J'avais un attachement particulier pour ce havre de paix que j'avais remodelé de la cave au grenier. J'ai lu que la mort, le divorce et le déménagement sont les trois choses les plus stressantes dans la vie[121]. Dans les jours qui ont précédé le déménagement, le psoriasis est réapparu, sans rendez-vous. Je ne suis pas la seule à en souffrir, plus de dix millions de personnes en sont affectées en Amérique du Nord. Ce qui me singularise toutefois, c'est que cette maladie touche surtout les jeunes de quinze à trente-cinq ans[122]. J'aime bien

---

121 http://bit.ly/W1vibC.
122 http://bit.ly/1uixyXl.

me détacher du peloton, mais habituellement, dans des circonstances plus sympathiques. On dit aussi que le déménagement fait partie des principales causes de divorce ou de séparation. J'ai failli à quelques reprises me séparer de moi-même pendant les jours qui ont précédé mon déménagement. Quelques semaines après l'emballage, le déballage, l'aménagement et les ajustements, je claironnais encore que si les amis n'avaient pas contribué à mon mieux-être durant cette étape éprouvante, c'est la dépression qui m'aurait accueillie à bras ouverts. Je dois admettre que mon réseau de connaissances est assez large et diversifié. Au fil des ans, je me suis dessiné une famille, comme le Petit Prince, un mouton.

S'apprivoiser, la plupart du temps, c'est pour en arriver à s'aimer, mais admettons-le, c'est quelquefois se détester. Le rapport amour-haine entre les gens les plus près de nous cause, à l'occasion, quelques soubresauts qui font mal et qui deviennent parfois irréparables.

J'ai des amitiés aussi solides que le roc de Gibraltar. Même si les pires vacheries ont été prononcées, la soudure, aussi robuste que le lien qui unit des siamoises, nous fait traverser les mers les plus tumultueuses. Aucun tsunami n'a encore eu raison de notre profonde amitié. Ces amis, je les compte sur les doigts d'une seule main.

«La mort ignore la politesse.
Elle ne prend jamais rendez-vous.
Mais elle accepte ceux qu'on lui donne.»

Yvan Audouard

Suzette et la résilience

Il existe une multitude de deuils. J'en ai vécu quelques-uns. L'âge de la retraite[123], c'est inéluctablement la résignation de voir partir les êtres aimés les uns après les autres.

En 2013, une amie de jeunesse s'est manifestée par l'entremise d'Internet. Suzette me faisait signe après plus de trente-cinq ans pour m'annoncer son incontournable destin : cancer du poumon, trois mois à vivre, me chuchota-t-elle. Elle s'était donné pour mission de déterrer ses vieilles bonnes relations. Bizarre, tout de même, ce que la mort, proche, peut nous amener comme idées !

Qu'est-ce que cela va changer ? Probablement pas grand-chose, sinon la satisfaction d'une reconnaissance et un départ plus tranquille pour elle. Que dis-je ! Elle en a encore de l'énergie, cette Suzette ! Me sachant impliquée comme ambassadrice à la Maison de soins palliatifs de la Rivière-du-Nord à Saint-Jérôme, cette amie de jeunesse qui y avait réservé sa place a offert de donner un coup de pouce dans le cadre de notre campagne de financement.

Avec quelques membres de sa famille, et Suzon pour les intimes, nous avons pris la résidence d'assaut un vendredi midi. Elle organisa un *hot-doghoton* pour la Maison de soins palliatifs. Les aliments étaient offerts et distribués par les employés de la Résidence. Outre les résidents, la famille et les amis de Suzon sont venus remplir la cagnotte et vider les assiettes. J'étais époustouflée de voir à quel point cette femme arrivait encore à déployer autant d'énergie, alors qu'elle n'avait plus que la peau sur

---

123 Voir le chapitre « Mes chemins vers la retraite », p. 19.

les os. En moins de deux heures, la récolte s'était avérée plus que généreuse : 3 000 dollars à remettre à Pallia-vie.

Quelques mois plus tôt, à titre d'ambassadrice, j'avais participé au lancement de la campagne de financement en demandant à la population des Laurentides d'acheter au moins une brique symbolique au coût de 1 000 dollars : une façon concrète d'impliquer toute la population au projet d'agrandissement de la Maison. Suzette s'est payé deux briques. Elle savait l'importance de construire trois chambres supplémentaires, elle qui espérait avoir la sienne lorsque son temps viendrait.

Quelques jours plus tard, la porte de la Faucheuse s'est ouverte. Normand Dupont, le directeur de la Maison de soins palliatifs de la Rivière-du-Nord, annonce à Suzon que sa chambre est prête, mais elle, elle ne l'était pas : « Vous allez devoir m'attendre, j'ai un autre événement et j'ai promis à Jocelyne que j'y serais. »

Cette Suzette était en train de défier son sort, trop en forme pour aller mourir, elle serait présente au souper spaghetti organisé par une Résidence pour aînés de Saint-Jérôme. En la voyant sur le pas de la porte devant plus de quatre cents convives, j'eus la vision d'un Mick Jagger entrant sur scène. Son large sourire, ses dents trop grandes pour elle et sa silhouette décharnée, Suzette s'avançait vers moi, victorieuse d'être encore debout. Satisfaction éphémère : deux jours plus tard, elle entrait dans son mouroir, sereine, prête à passer de l'autre côté.

Visiter une amie dans une maison de soins palliatifs, aussi accueillante et respectueuse soit-elle, demande un peu de cœur au ventre. J'en avais l'habitude, puisque ma mère, un an plus tôt presque jour pour jour, était arrivée au bout de son chemin. Suzon avait disparu de mon radar pendant plus de trente-cinq ans. Pourtant, sur le pas de sa dernière porte, elle m'a fait des confidences en me remettant son journal, qui devait m'expliquer son parcours difficile. Je croyais revoir Suzon quelques fois encore. Même si on voit le rideau tomber, il y a des moments où la mort nous surprend. À peine étais-je sortie de la Maison qu'on installait Suzon dans un coma artificiel et on cessait de la nourrir. Luigi, son fils, a regretté d'être arrivé après moi, trop tard. Il m'en a voulu d'avoir outrepassé le dernier désir de sa mère. Il avait raison. Je n'aurais pas dû insister pour voir Suzon une dernière fois. J'en suis profondément désolée. Je souhaite que ces quelques lignes soient considérées comme un hommage à mon amie disparue.

Le deuil de ma maison

À quelques jours de mon déménagement, j'ai ravitaillé pour la dernière fois le réfrigérateur de ma maison du lac. Non, je ne meurs pas. Quoique… un peu. Pour la trentième fois de mon existence, je m'apprêtais à emballer puis à déballer à nouveau mes trop nombreux objets, en espérant que cette fois serait la dernière, ou presque.

En pensant que dans quelques jours je ferais le deuil de cette maison, non pas celle de mon enfance, mais celle de ma cinquantaine, je me surprends à ressentir un pincement au cœur. Les gestes que l'on pose pour une dernière fois dans différentes occasions de notre vie suscitent à tout coup des réactions plus ou moins fortes. Mon psy me dirait que je traverse des paliers de conscience, avec la nécessité de m'imposer un bilan à chacune de ces étapes, jusqu'à la grande finale, probablement!

Après de multiples tergiversations, j'ai choisi de voyager plus léger. Par conséquent, je dois laisser derrière moi ce qui n'est plus essentiel.

Les rendez-vous du hasard font parfois très bien les choses. Karine, une jeune grand-mère de trente-huit ans, a tout perdu dans un incendie qu'elle a malencontreusement provoqué. Sans assurances, sans emploi et sans argent, elle s'est retrouvée sur mon chemin. Le message était on ne peut plus clair. Une partie de mes meubles et de mes souvenirs comblerait son vide provoqué par les flammes. *Donner au suivant* prenait ainsi tout son sens.

> « Nous faisons nos amis,
> nous faisons nos ennemis,
> mais Dieu fait notre voisin.»
>
> Gilbert Keith Chesterton

Si Dieu existe, Il s'est manifesté souvent dans la peau de mes voisins. Il était réconfortant et rassurant de voir poindre la lumière, de l'autre côté du boisé ou du lac. André, Hélène, Lise et Jean-Marie, Sophie et Marcel et moi avons tissé une toile d'amitié tout à fait exceptionnelle. Un halo qui a dissipé, au fil des ans, mes craintes à l'achat de la maison du lac. Que de bon temps nous nous sommes offert ensemble autour de bonnes tables!

Faire le deuil de sa maison, c'est aussi faire le deuil de ses voisins. J'avoue que mes voisins ont pesé lourd dans la balance, lorsque j'ai plusieurs fois douté de la pertinence de vendre ma maison. Jusqu'à ce jour, nous avons fait mentir le proverbe *Loin des yeux loin du cœur.*

Partir, c'est mourir un peu

> « Si les êtres humains s'arrêtaient un peu
> plus souvent à penser qu'ils vont mourir, ils
> cesseraient d'accorder de l'importance à des
> choses qui n'en ont pas et commenceraient
> à en accorder à celles qui en ont. »
>
> Elisabeth Kübler-Ross

Pas question de me laisser aller parce qu'une mort survient, peu importe de quel ordre. Je suis profondément convaincue que tous mes deuils m'offrent la possibilité de m'élever vers une conscience plus aiguë.

C'est fou comme le départ de Gaétan, notamment, a métamorphosé mon parcours de vie ! Il m'a toutefois fallu une manifestation ésotérique pour qu'enfin je lâche prise face à cette mort qui m'était insupportable.

Une nuit, en demi-sommeil, cinq mois après son décès, je nous ai vus marchant sur une plage main dans la main. Je voulais savoir s'il était heureux. En prenant mon bras vers le ciel, Gaétan me dit : « Regarde ! As-tu encore des doutes ? » Quinze ans plus tard, lorsque j'y pense, je la vois encore cette lumière perçante, presque *crucifiante*, celle qui, ce soir de juin 1999, m'a tatoué l'âme et le cœur, celle qui m'a fait comprendre qu'il peut très bien y avoir une vie après la mort.

J'ai l'impression que savoir faire son deuil de tous les éléments de notre vie nous prépare mieux à la dernière étape, le passage vers la mort.

Tous ces deuils racontés m'ouvrent donc de nouvelles portes. Entre autres, la naissance de ce livre.

Conclusion

S i vous pensiez que j'allais poursuivre mon chemin sans me commettre sur papier! Je suis bien trop grande gueule pour ne pas en révéler un peu plus sur mes réflexions face à ce qui se passe autour de moi.

J'ai toutefois douté plus d'une fois de la pertinence de me commettre ainsi. À chacune de mes tentatives de déchirer mon manuscrit, mon éditrice et mes amis m'encourageaient à poursuivre cette mission. Le terme *mission* me semble tout à fait approprié, non pas qu'il s'agisse d'une obligation à vous faire part de mes pensées, mais en relisant certains paragraphes j'avoue me sentir parfois un brin moralisatrice, surtout lorsque je touche la corde sensible de la responsabilisation ou encore celle de la relève. Celle qui me tient à cœur, celle que tout le Québec devrait s'efforcer d'aimer parce que si rare. Aimer ne veut pas dire gâter à pourrir pour éventuellement se déculpabiliser. Osons regarder les choses en face : un Québec éduqué aura de bien meilleures chances d'être un Québec en santé.

Aussi, l'État-providence s'essouffle considérablement. Nos trop nombreux abus commencent à peser très lourd. Chacun de nous semble d'accord avec ce désir d'apporter des changements dans le fonctionnement de nos institutions publiques. Pourtant, collectivement, rien ne bouge, et lorsque des politiciens osent modifier des structures, on s'insurge, on sort dans la rue, on crie au scandale. Alors ! Savons-nous véritablement ce que nous voulons ? Le beurre et l'argent du beurre, ce n'est plus possible.

Je persiste à croire que la volonté d'améliorer notre univers passe aussi par la responsabilisation individuelle : celle qui ose opter pour l'excellence, celle qui ne souffre plus de demi-mesures, de médiocrité.

* * *

Alain April, du Château Bonne Entente à Québec, me racontait qu'il insufflait constamment à ses troupes le goût de faire avancer les choses, dans le but évident de se distinguer. Mine de rien, un simple changement à l'accueil fait sentir sa clientèle plus détendue. Les préposés reçoivent les clients assis. Quand on lui a dit : «Ça ne se fait pas», il a osé déranger le protocole hôtelier. Son entreprise se tient debout. J'aime cet homme parce qu'il ose constamment. Les idées nouvelles le stimulent. S'asseoir parfois, ce n'est pas s'écraser. Bravo, Alain ! La peur ne fait pas partie de tes bagages !

* * *

Je poursuis mes aspirations sur une route parfois très sinueuse, rocailleuse, tout en trébuchant à l'occasion dans certains creux de vague. Il m'arrive encore de douter, de penser que ma toute petite contribution à l'univers n'équivaut même pas au battement d'ailes du papillon. L'angoisse refait surface, me nargue. C'est dans ces moments de tourmente aussi que j'ose. Alors je me dis: «Allez JO-CE-LY-NE, t'es belle, t'es fine, t'es bonne, t'es capable! Et surtout, choisis tes batailles.» C'est la grâce que je me souhaite.

La rédaction de ce livre s'est transformée à quelques occasions en véritable thérapie et m'a donné le goût d'écrire un peu plus. Une question demeure toutefois en suspens: oserai-je un jour?

Remerciements

À Nadine Lauzon, mon éditrice : pendant deux ans tu m'as accueillie, conseillée, argumentée avec douceur et parfois fermeté. Jamais de heurts ni de grincements de dents, malgré mes nombreux doutes et questionnements.

Tout écrivain qui a un certain talent peut grandement espérer une Nadine Lauzon.

À Marie-Mai : si j'avais seize ans, je serais une fan inconditionnelle de cette bête de scène. Marie-Mai m'avait époustouflée par sa voix électrisante et son énergie lors de son passage à l'émission *Star Académie* en 2003. Elle était osée et elle avait osé.

La star vient de me faire vivre un grand moment en acceptant de signer la préface de ce livre. En lisant le courriel de son agente, j'ai crié YESSSSSSSSSSSSS !!!!! ☺ Merci Marie-Mai de ta simplicité, de ton authenticité. La relève a besoin de toi. Tu es un modèle à suivre.

À Éric Salvail, que j'ai vu grandir dans les couloirs de TVA. Pur produit du show-business québécois, tu es allé à bonne école avec Julie Snyder. Tu avais le don d'apprendre plus vite que ton ombre. Tu as tellement osé casser la baraque! Aujourd'hui, tu es une source d'inspiration, pure à 100%. Un grand merci d'oser te coller à mes propos.

À Elsa Michael, ma grande amie et mon âme sœur, qui vit mes joies et me console depuis si longtemps. Merci D'ÊTRE... tout simplement.

Aux lecteurs patients qui m'ont lue et relue.

À Hélène Fouquet, pour ses précieux conseils.

À André Hachey, ami indéfectible au talent indéniable pour la peinture; tu as participé à la lecture de ce livre alors qu'il n'était qu'un embryon. Célébrons aujourd'hui le résultat.

À Huguette Leblanc, ma première lectrice patiente et résiliente, malgré toutes les épreuves qui te poursuivent.

À Nathalie Pitre, de ton Acadie lointaine; tes précieux conseils m'ont bien accompagnée, comme tes belles mélodies.

À Marc-André Poissant (Marc Fisher), je te dois le côté «punché» de mon livre. De même que l'art de la phrase courte et saisissante. Un grand merci de m'avoir donné des coups là où tu sais. ☺

À Frédérique Tavernier, que j'accompagne depuis ses quinze ans et qui a su faire de même en lisant et en critiquant ces pages. Frédérique m'a fortement encouragée à poursuivre et me confirme que ce livre pourra capter tous les âges.

À Céline Hervieux-Payette, qui est le modèle parfait d'une jeunesse qui n'en finit plus. Ton énergie débordante me stimule à chacune de nos rencontres.

À Claude Robitaille, pour tes précieux conseils dans le chapitre sur le bénévolat… et pour ton amitié simple et vraie. C'est aussi grâce à toi si le lancement du livre s'est fait au resto le Robin des Bois.

À Nicole Ricard, qui m'a fouettée dès les premières lignes de ce livre, sans flagornerie.

À Nathalie Roy, mon amie tout court et auteure de *La Vie épicée de Charlotte Lavigne*; celle qui m'a donné le goût de l'écriture.

À Raynald Brière, qui a sauvé mon emploi à l'époque de CKAC. Il sait pourquoi ☺ et je lui en suis encore très reconnaissante.

À Pierre Arcand, qui à CKAC m'a fait confiance même si j'étais une femme. ☺

Et à tous mes amis qui, à un moment donné, ont accepté gentiment et patiemment de m'entendre lire l'une des phrases de ce livre. Même si certaines n'y figurent plus, votre travail n'aura quand même pas été vain.

Merci à mes causes et sources d'inspiration :

Richard Desjardins de la Maison des jeunes Kekpart : que de chemin parcouru !

Louis Adam, directeur général de la Société de la sclérose en plaques du Québec. Louis, on ne lâchera jamais la cause. Grâce à ton équipe et à toi, vous m'avez obligée au dépassement.

Claude Beaulieu et Bernard Casavant, de la Maison de soins palliatifs de la Rivière-du-Nord, le plaisir de voir s'épanouir des relations professionnelles en relations amicales.

Yves Desjardins, Johanne Clément, Danielle Marchand et Danièle Lemieux, du Regroupement québécois des résidences pour aînés.

Le Chaînon, la Maison Simonne-Monet-Chartrand, des causes que je soutiens mais qui, un jour, ne devraient plus exister.

Suivez les Éditions Publistar sur le Web :
www.editions-publistar.com

Cet ouvrage a été composé en Lino Letter 11/14
et achevé d'imprimer en septembre 2014
sur les presses de Marquis Imprimeur, Québec, Canada.

certifié   procédé   100% post-   archives   énergie
        sans chlore   consommation   permanentes   biogaz

Imprimé sur du papier 100 % postconsommation,
traité sans chlore, accrédité Éco-Logo et fait à partir de biogaz.